跨学科课程如何设计

大单元、大概念和工程设计挑战

[美] 海伦·迈耶
[美] 阿南特·库克雷蒂
[美] 德博拉·利贝里
[美] 朱莉·施泰姆勒 编

刘恩山 等译

CREATING ENGINEERING
DESIGN CHALLENGES
SUCCESS STORIES FROM TEACHERS

外语教学与研究出版社
FOREIGN LANGUAGE TEACHING AND RESEARCH PRESS
北京 BEIJING

京权图字：01-2022-1291

Translated and published by Foreign Language Teaching and Research Publishing Co., Ltd with permission from NSTA. This translated work is based on Creating Engineering Design Challenges: Success Stories From Teachers, Editors: Helen Myer, Anant R. Kukreti, Debora Liberi, and Julie Steimle. © 2020 NSTA. All Rights Reserved. NSTA is not affiliated with Foreign Language Teaching and Research Publishing Co., Ltd, or responsible for the quality of this translated work.

图书在版编目（CIP）数据

跨学科课程如何设计：大单元、大概念和工程设计挑战／（美）海伦·迈耶（Helen Meyer）等编；刘恩山等译．-- 北京：外语教学与研究出版社，2022.3（2022.12重印）
　　书名原文：Creating Engineering Design Challenges: Success Stories From Teachers
　　ISBN 978-7-5213-3427-2

　　Ⅰ. ①跨… Ⅱ. ①海… ②刘… Ⅲ. ①课程设计-研究 Ⅳ. ①G423

中国版本图书馆 CIP 数据核字（2022）第 054589 号

出 版 人　王　芳
项目策划　丛　岚
责任编辑　郭思彤
责任校对　王　菲
装帧设计　郭　莹
出版发行　外语教学与研究出版社
社　　址　北京市西三环北路 19 号（100089）
网　　址　http://www.fltrp.com
印　　刷　北京华联印刷有限公司
开　　本　889×1194　1/16
印　　张　13
版　　次　2022 年 5 月第 1 版　2022 年 12 月第 3 次印刷
书　　号　ISBN 978-7-5213-3427-2
定　　价　78.00 元

购书咨询：（010）88819926　电子邮箱：club@fltrp.com
外研书店：https://waiyants.tmall.com
凡印刷、装订质量问题，请联系我社印制部
联系电话：（010）61207896　电子邮箱：zhijian@fltrp.com
凡侵权、盗版书籍线索，请联系我社法律事务部
举报电话：（010）88817519　电子邮箱：banquan@fltrp.com
物料号：334270001

参与翻译人员名单

刘恩山
靳冬雪　梁迪斯
邵小涵　石月莹

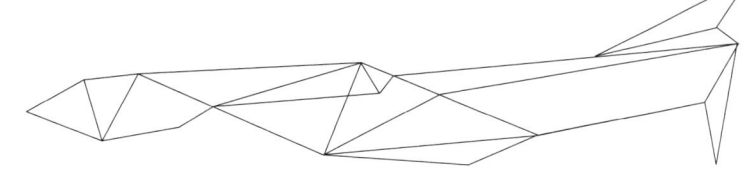

译者序

《跨学科课程如何设计：大单元、大概念和工程设计挑战》是为中小学科学教师和相关人员实现专业发展的书籍，它所涉及的内容指向了国际科学教育发展的前沿，回答了我国科学教育发展中遇到的现实问题和挑战。本书的读者群包括中小学科学或理化生分科教师、课外科技教育指导教师、理科领域教研员、课程设计人员、教科书编写人员、师范院校在读的职前教师以及有关的教学管理和考试评价人员。

虽然本书的对象是科学教育人员，而书的主题是工程学教学或在 STEM 课程中的工程学教学。科学教育和工程学教学在当今的科学课堂上有怎样的联系？回顾百余年科学教育的发展，中小学科学课程长期围绕着科学内容展开，所不同的是课程以理化生分科形式呈现还是以综合的科学课程现身。但是到了 20 世纪 80 年代初期，科学教育出现重大变化，科学课程的研究和设计人员将技术引入科学课程，给科学课程带来巨大变化，使"科学、技术、社会（STS）"成为随后近 30 年的改革浪潮，期间对发展学生技术素养的关注，也对公民科学素养构成的研究及科学课程的设计产生了深刻的影响。90 年代后期，工程学开始进入部分学校的中小学课程。在 21 世纪跨入第二个十年之际，工程学在美国受到重视，并在随后稳步进入了基础教育。这是科学教育发展史上具有深远意义的变革。由于这样的变化，当今的科学教育实际上已经包容了工程学的内容。

工程学是通过设计、制造和维护人造物品和技术系统来改变自然环境的学科领域，它所构建的人工世界已经把今天的地球装扮得更加美好，人们的生活更加便利。不同的研究者对于工程学有着不同的定义。著名学者伍尔夫（Wulf）提出，工程学是指"在约束条件下进行设计"。美国工程教育协会认为工程学是"设计人造世界的过程"。美国国家工程院在《基础教育阶段工程学教育标准》中指出，工程学是"为满足人们的需求而进行的系统设计"。随着全球科技和经济竞争力与创新的联系越来越紧密，工程学在当今基础教育中的地位比以往任何时候都更加受关注。

在基础教育阶段开展工程学教育有着重要的意义。首先，基础教育阶段工程学教育对于有效实施 STEM 教育以及学生将来的职业发展有着重要的作用；其次，工程学教育能够激发学生的学习兴趣，提高学生数学、科学的学习能力，提高学生对工程和技术的理解；再有，工程学的设计任务能提高学生解决问题的能力、交流的技能以及团队合作的能力。工程学进入中小学课堂，其在创意、设计、实践等方面的要素可以极大地丰富学科课程的内涵和育人价值，使包括科学在内的相关课程在培养学生创新、实践和问题解决能力上有了最直接的支撑点和落脚点，为教育目标的实现提供了更加有效的途径。

当今，国际上有诸多国家在倡导 STEM 教育，美国甚至将 STEM 教育上升到国家安全战略层面。实际上，科学、技术和数学在目前的中小学课堂上存在较为普遍，然而工程学则较少得以落实。工程学没有切实进入学校课堂的原因之一是对于科学教师来说，工程学的内容既陌生，又难于上手。该书正是有针对性地回应了教师的困难。该书用了一章的篇幅介绍为什么要把工程学引入课堂，接着又用了一章的内容介绍了两种在工程学教学中实用的教学策略——基于挑战的学习（CBL）和工程设计过程（EDP）。全书最大的篇幅，用于介绍科学教师在科学课堂上融入工程学内容的真实故事。这些故事就是教师在一个单元教学中从教学设计、教学实践到评价反思的全部过程，详细地讲解了开展 STEM 教育中，强化工程学要素的教学构想、设计思路、教学策略、进程安排、师生对话、结束收尾等操作层面的细节。故事涉及范围覆盖了物理、化学、生物学、地理学等多个学科和不同学段，可以让不同位置上的科学教师受益。从教师需求的视角，全书七成以上的章节分享了一线教师的教学智慧和可以传播的经验，对科学教师面对工程学教学的挑战有直接的帮助。

该书原文的读者主要是美国科学教师，意图是帮助教师落实《新一代科学教育标准》（NGSS），在课堂上面对工程学教学的挑战。对于我国的科学教师来说，几乎也要面对同样的难题。在近年我国的科学教育发展中，工程学也进入了中小学科学课程。2017 年初教育部颁布了《义务教育小学科学课程标准》。在这一科学课程标准的多个亮点之中，最为突出的变化和新意是内容标准中明确地提出了"技术与工程领域"的学习要求。与小学科学课程并行发展，在 2017 年颁布的《普通高中生物学课程标准》中，"生物技术与工程"也作为一个独立的选择性必修模块安排在内容标准之中。这些变化是我国科学教育发展中一个重要的、跃升性的进步，标志着工程学已经进入我国基础教育的国家课程。在2022年颁布的新版义务教育科学、生物学、地理、物理及化学课程标准中，都将"探究实践"作为课程的宗旨之一，并将课程容量10%的内容安排为跨学科实践活动，大大加强了跨学科实践和工程学实践的内容和要求。这一系列的变化，不仅对我国中小学的理科课程发展有着重要的引领作用，对工程学以不同方式进入中小学课堂也有强力的指导和推进作用。由于工程学固有的学科属性及其在基础教育中特有的教育价值，这一变化所代表的改革趋势需要教师、教研员、教材编写人员和教育决策者给予高度重视，并在落实课程标准要求、加强工程学融入中小学课堂的工作中持续推进，大力发展。该书以贴近课堂实践的教学引领，助力相关人员的专业发展。书中具体回答了我国中小学理科教师在工程学教学和跨学科实践中面临的问题，比如：跨学科实践如何落地？工程学内容如何选题？跨学科实践课堂组织如何开展？课堂时间有限如何解决？如何与现实生活的情境相联系？学生科学概念和实践技能怎么在学习活动中得以加强？此外，我国的2022年版义务教育课程标准在教学内容中强化了学习主题和大概念的要求，对于教学也提出了开展大单元、大概念的教学建议。这些备受教师关注的教学要点，该书在贯穿了工程学挑战的教学中展示了实际案例和方法指导。正是看到了该书在实现我国科学课程标准、实现多学科教育目标上的价值和作用，我们很高兴地将其翻译成中文，介绍给我国读者。

我们的翻译团队主要是理科人员，只是少数人有工程学的些许基础，加之我们对美国NGSS的理解有限，所以在翻译的文稿中可能会有纰漏，也请读者若发现问题给予指正！祝愿我国中小学科学教育和STEM教育在工程学实践稳步落地课堂的过程中再上新台阶！

刘恩山
北京师范大学教授

目录

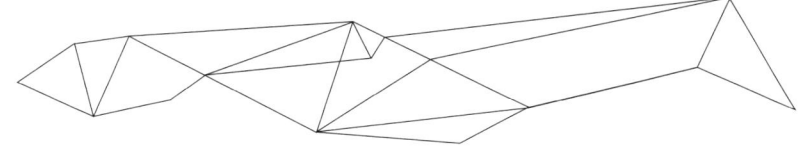

前言 I

致谢 III

编写人员和项目教师介绍 V

第一部分　整合工程学教学 1

第 1 章　工程设计挑战 5

第 2 章　设计挑战单元与学习理论 23

第 3 章　定义和使用设计挑战单元 37

第二部分　中学课堂里的工程学 51

第 4 章　准备阶段：创设引入，确保学生全心参与 55

第 5 章　聚焦工程设计过程 81

第 6 章　将评价整合到设计挑战单元中 108

第 7 章 通过设计挑战单元发展 21 世纪技能 145

第 8 章 设计挑战单元开发指南 162

附录　设计挑战单元模板 174

前言

我们在编写这本书时，首先考虑到了教育工作者，尤其是那些正在想办法将工程学实践整合到课堂教学当中的中学数学和科学教师。本书的写作团队由工程学与教育学专业的大学教职人员以及科学和数学在职教师组成。作为由美国国家科学基金（National Science Foundation, NSF）资助的辛辛那提工程学强化数学与科学（Cincinnati Engineering Enhanced Mathematics and Science, CEEMS）项目参与者，这些教师在书中分享了他们在两年内开发、实施和修订的设计挑战单元。这些教师所属的学校分布范围广（包括农村、郊区和城市），所教的年级和学科也不同，足以证明本书所提倡的教学法具有广泛的关联性和适用性。我们将为你提供设计挑战单元的详细说明，以及教学计划、讲义和其他教学材料，这些材料都可以拿到课堂上使用或做相应的改编。这些设计挑战单元的开发结合了两种教学方法：基于挑战的学习（challenge-based learning, CBL）和工程设计过程（engineering design process, EDP）。

本书所有的编写人员都是 CEEMS 项目的成员。参与该项目的大学教职人员介绍了关于工程学实践的重要性、CBL 框架、指导项目的学习理论以及大规模 CEEMS 项目结构和实施的背景信息。在这个具有独特结构的项目中，一些关键组分能够改变课堂环境、提高学生的能力，并朝着以学生为中心的课堂文化发展，从而带来积极的学习效果。我们的目标是与你分享 CEEMS 项目产出的最佳实践成果，并提供策略，助你将其整合到自己的教学实践中。

本书分为两个部分和一个包含有用资源的附录。

第一部分包括第 1—3 章，介绍了背景信息以及我们使用的特定 EDP。我们讨论了如何将设计挑战单元框架与现行的教育标准和改革联系起来，包括《州共同核心数学课程标准》（*Common Core State Standards for Mathematics*）以及《新一代科学教育标准》（*Next Generation Science Standards, NGSS*）。这一部分还阐述了与教学有关的教育研究，以支持设计挑战的使用。在第 3 章，我们对教师故事中出现的术语进行了界定，并提供了设计挑战单元的开发细节和有用的模板。

第二部分包括第4—8章。第4—7章包含由中学数学和科学教师个人编写的内容，他们关注了实施设计挑战单元的不同方面，包括设计一个有趣的引入、指导学生就核心问题和相应的挑战提出意见、整合工程设计过程、纳入形成性和总结性评价，以及在设计挑战单元中培养学生21世纪技能。第8章演示了如何改编其他教师的设计挑战来适应你自己的课堂，以及如何在实施后反思和提升你自己的单元教学设计。第8章还分享了寻找设计挑战单元灵感的资源，并为志同道合、想要共同进步的教师建立共同体提供了建议。

致谢

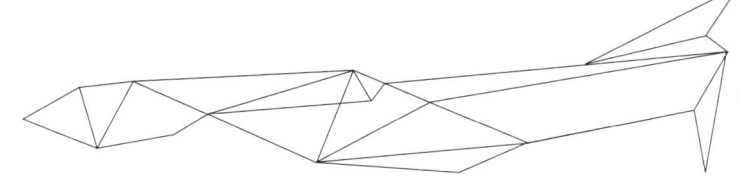

首先，我们要感谢美国科学教学协会（National Science Teaching Association，NSTA）出版社出版这本书，并协助我们进行编辑、修订、设计和营销；感谢突破辛辛那提（Breakingthrough Cincinnati）教师培训机构对图片的支持；感谢凯拉·库尔科夫斯基（Kayla Kurkowski）在摄影方面的工作。

美国国家科学基金奖（U.S. National Science Foundation Award, #DUE-1102990）为CEEMS项目中的数学与科学定向合作课题（Targeted Math and Science Partnership Project）提供了资金支持，由此开发和实施的教师职业培训项目构成了本书的基础。书中的任何意见、发现、结论和建议都是编写人员的观点，并不一定代表基金会的立场。

CEEMS项目由位于俄亥俄州（Ohio）辛辛那提（Cincinnati）的辛辛那提大学（University of Cincinnati）的3所学院牵头，包括工程学与应用科学学院、麦克米肯艺术与科学学院，以及教育、刑事司法与公共服务学院。这些学院是高等教育核心合作伙伴，与14个核心合作伙伴学区合作，包括辛辛那提公立学校（Cincinnati Public Schools）、奥克希尔斯（Oak Hills）、普林斯顿（Princeton）、诺伍德（Norwood）、温顿伍兹（Winton Woods），以及位于俄亥俄州克莱蒙特县（Clermont County）的9个乡村学区。在所有这些合作伙伴的共同支持和指导下，才有了CEEMS项目和这本书。

具体来说，本书是88名参与CEEMS项目的教师开发和实施工程设计挑战课程的成果。项目为这些教师配备了10名资源团队成员，他们以辅导人的身份为这些CEEMS参与教师提供项目指导。资源团队成员包括杰克·布勒林（Jack Broering）、洛丽·卡吉尔（Lori Cargile）、蒂姆·杜根（Tim Dugan）、丹尼斯·杜普施（Dennis Dupps）、梅里·约翰逊（Meri Johnson）、金姆娅·莫约（Kimya Moyo）、罗布·拉帕波特（Rob Rapaport）、帕梅拉·特鲁斯德尔（Pamela Truesdell）、戴维·韦尔诺（David Vernot）和汤姆·文奇盖拉（Tom Vinciguerra）。

辛辛那提大学的评估服务中心和位于俄亥俄州牛津（Oxford）的迈阿密大学（Miami University）的评估、研究与专业学习发现中心评价了CEEMS课程对学生学习和参与教师教学实践的影响。所有这些参与者的贡献都得到了肯定。

最后重要的一点是，我们要感谢团队成员尤金·鲁茨（Eugene Rutz）、霍华德·杰克逊（Howard Jackson）和斯蒂芬·佩利坎（Stephan Pelikan）在整个CEEMS项目中所做的贡献，以及给予的指导。同时，我们也向由10名工程学教育和教育研究领域杰出学者组成的CEEMS顾问委员会表达感谢。

编写人员和项目教师介绍

编写人员

海伦·迈耶（Helen Meyer）是辛辛那提大学科学教育专业的副教授。她在担任STEM融合教育中心主管期间，与STEM教职员一起从事工程学、信息技术以及教师教育项目的工作。在此之前，她在威斯康星州（Wisconsin）、纽约市（New York City）教过中学科学。作为科学教师教育人员，海伦希望所有儿童都有平等的机会接受高质量的科学教育，使他们能够理解世界并参与到民主社会当中。

阿南特·库克雷蒂（Anant R. Kukreti）自2018年8月以来一直是辛辛那提大学工程学专业的名誉教授。退休之前，他是辛辛那提大学工程学与应用科学学院的教授以及工程学拓展部的主管。任职期间，他管理了K—12衔接课程以及本科生和研究生的强化课程。在管理NSF为K—12在职和职前教师培训项目提供的重大教育资助项目方面，他有着丰富的经验。在众多项目中，就包括了CEEMS项目（促成编写本书）以及教师研究经历（Research Experiences for Teachers, RET）项目。这些项目的初衷是建立一支能够在K—12课堂上将工程学与数学、科学真正整合起来的教师队伍。

德博拉·利贝里（Debora Liberi）是CEEMS项目的地区协调员。此外，她在2013—2018年间还担任了RET项目的协调员。她是辛辛那提大学教育、刑事司法与公共服务学院的兼职教授。在大学工作之前，她担任了35年的中学科学教师和辛辛那提公立学校的图书馆管理员。

朱莉·施泰姆勒（Julie Steimle）曾担任CEEMS项目的主管。她负责为该项目招募教师、协调合作学区、组织暑期学院并担任评估小组联络员等。在接手CEEMS项目之前，她在辛辛那提大学主持过另一个资助项目，为数百名低收入学生提供免费的辅导服务。在辛辛那提大学工作之前，她在非营利组织中从事教育工作。

项目教师

克里斯廷·巴恩斯（Kristin Barnes）是CEEMS项目的主管。在此之前，她曾在辛辛那提大学医学院担任医学博士/博士课程的助理主管。她参与过各类项目，服务对象包括幼儿教育工作者到研究生的各类人群，经历涵盖了整个教育领域。

凯瑟琳·布兰肯希普（Kathryn Blankenship）已获得化学硕士学位，并且是肯塔基州（Kentucky）I级认证的化学和物理教师。她曾在肯塔基州海兰海茨（Highland Heights）的海兰海茨高中和俄亥俄州辛辛那提的奥克希尔斯高中任教，目前任教于俄亥俄州印第安希尔（Indian Hill）的印第安希尔高中。她是2013—2015年CEEMS项目第2小组的成员。

洛丽·库珀（Lori Cooper）是一名有15年教龄的中学科学教师，任教于辛辛那提公立学校学区那些最需要帮助的学校。她是2015—2017年CEEMS项目第4小组的成员，并获得了课程与教学硕士学位和工程学教育合格证书。

凯莉·德努（Kelly DeNu）在俄亥俄州克莱蒙特县的戈申中学教授8年级初级代数，已获得数学教育硕士学位。她是2013—2015年CEEMS项目第2小组成员，并获得了辛辛那提大学颁发的工程学教育合格证书。

布兰迪·福斯特（Brandi Foster）在辛辛那提公立学校学区的艾肯高中教 8 年级科学。她是 2014 年 CEEMS 项目第 3 小组的成员。

拉沙娜·弗里曼（Rashanna Freeman）是一位有 16 年教龄的资深生物和化学教师，目前任教于辛辛那提郊区的普林斯顿高中。她是 2016—2018 年 CEEMS 项目第 5 小组的成员。

埃米·詹姆森（Amy Jameson）在辛辛那提一所公立学校吉尔伯·A. 戴特高中教授高级学术物理、高级学术化学以及解剖学和生理学。她已经在公立学校任教 30 余年，同时也是辛辛那提大学教育、刑事司法与公共服务学院的兼职教授。她是 2015 年 CEEMS 项目第 4 小组的成员。

莱斯莉·莱尔斯（Leslie Lyles）从事教育工作已有 13 年，并持有俄亥俄州儿童期（4—9）和数学教学（4—9）许可证。她目前在哈特韦尔学校教 7 年级初级代数和 8 年级代数。该校是一所 I 类资助的辛辛那提公立学校，涵盖学前至 8 年级。她是 2015 年 CEEMS 项目第 4 小组的成员。

金姆娅·莫约（Kimya Moyo）是一位已退休的数学教育工作者，在俄亥俄州辛辛那提 I 类项目的学校中兼职教授高中数学。她目前正在为俄亥俄州蒙特海尔斯（Mount Healthy）学区的数学学科提供教师专业发展培训。她的主要兴趣包括协助教师将 STEM 整合到数学教学中，在课堂上构建一个能为思维成长创造安全空间的学习环境，同时强调文化多样性对数学领域的贡献。她对数学意义建构的研究推动了库林高（Kuringa）论文的发展，该部分内容也被她纳入工作坊当中。

玛丽·波利特（Marie Pollitt）是俄亥俄州克莱蒙特县费莉西蒂-富兰克林中学的科学教师。她是 2015—2017 年 CEEMS 项目第 4 小组的成员，并获得了课程与教学硕士学位。

斯蒂芬妮·斯图尔特（Stephanie Stewart）以 2 年级教师的身份加入了 CEEMS 项目。她是 2016—2018 年 CEEMS 项目第 5 小组的成员，并获得了课程与教学硕士学位和工程学教育毕业证书。她目前在辛辛那提郊区的布里奇敦中学担任 8 年级科学教师。

凯文·塔克（Kevin Tucker）从事高中数学教学工作已有 14 年。他已获得数学学士学位和教育学硕士学位。他的教学许可证书类别为数学（7—12）。他是 2012—2014 年 CEEMS 项目第 1 小组的成员，目前在俄亥俄州辛辛那提郊区的普林斯顿高中教微积分先修课程。

第一部分

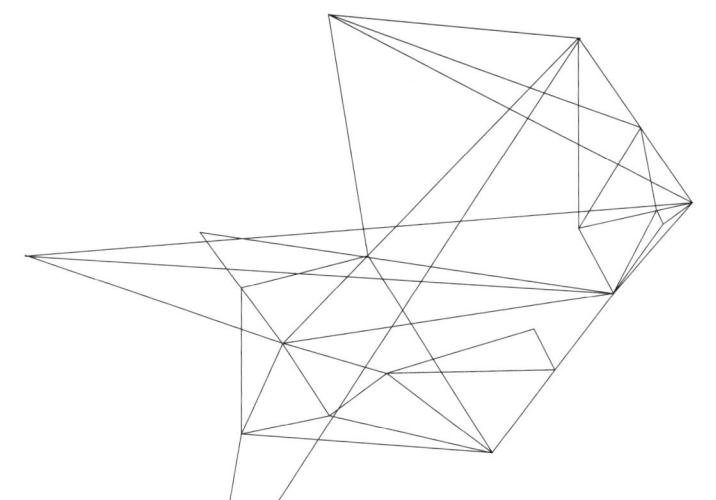

整合工程学教学

辛辛那提 CEEMS 项目符合 NGSS（NGSS Lead States, 2013）的方向，同样强调了将工程设计纳入科学课堂中的重要性。早几年时，2010 年美国颁布了《州共同核心课程标准》(*Common Core State Standards, CCSS*; NGAC and CCSSO, 2010)，因此数学教师也面临着将《数学实践标准》(*Standards for Mathematical Practice*) 整合到课堂中的挑战。这两次教育变革以及 STEM 教育的日益兴起，促使数学和科学教师寻求一种实用的方法，来让他们在改变教学实践的同时仍然能够传递必要的知识。

为了应对科学和数学教育中的变革，CEEMS 项目结合了两种教学方法：CBL 和 EDP。为了简单起见，我们将这些教学方法统一称为设计挑战或设计挑战单元。在本书中，你会读到几位 CEEMS 教师的故事，并了解他们是如何通过设计挑战单元转变课堂教学的。尽管大多数故事集中在第二部分，但我们在第 1 章和第 2 章中也提及了一些，以更好地阐释这些章节中的要点。

第一部分包含第 1—3 章。这部分为第二部分详细介绍设计挑战单元的教师故事奠定了基础。第 1 章解释了为什么工程学可以作为科学或数学课堂学习的引入背景。这一章介绍了 NGSS 中的实践标准，并呈现了 CEEMS 项目所开发的工程设计模型是如何与这些实践标准对应匹配的。该章节中穿插了两个现实生活中设计挑战的例子。第 1 章还讨论了如何仔细选择课程标准以实现设计挑战单元的充分利用，以及如何创造一种适合设计挑战的课堂文化。

第 2 章阐释了 CBL 和 EDP 的教学研究基础。该章节以一些数学课堂上的设计挑战片段为例，解释了学生是如何将先验知识应用于新的复杂难题、发展元认知技能以及将知识迁移到新背景中的。正如这一章所指出的，设计挑战能够激励学生坚持完成复杂的学习任务并乐于冒险，这一点最为重要。

第 3 章界定了与设计挑战单元相关的术语。此外，该章节还介绍了 CEEMS 教师用来开发设计挑战单元的模板。对于这些教师来说，这个模板不仅仅是用于存放和组织单元内日常教学计划的文档。它还作为教师的多功能清单，确保他们能够选择合适的内容标准、解决学生可能存在的错误概念、评价学生在关键节点的理解程度并概述一个合适的挑战，这个挑战将引导学生理解知识在真实世界中的应用、STEM 职业以及这些职业中的专业人士是如何影响社会的。

参考文献

National Governors Association Center for Best Practices and Council of Chief State School Officers (NGAC and CCSSO). 2010. *Common core state standards*. Washington, DC: NGAC and CCSSO.

NGSS Lead States. 2013. *Next Generation Science Standards: For states, by states*. Washington, DC: National Academies Press.

第 1 章 | 工程设计挑战

撰写本书是为了重点介绍 CEEMS 项目中教师的故事及其开发的设计挑战，这些教师为其 6 年级至 12 年级的学生设计、实施、修订了工程挑战。由工程师、教师教育人员以及在职和退休的中学科学与数学教师组成的团队历经 7 年的项目合作，促成了这本书的编写。为了给尽可能多的教育工作者提供模型，我们收录了任教于不同类型学校的教师故事，涉及郊区、农村和城区；我们还确保了工作团队中的教师教授不同年级以及具有不同学科背景。第 4—7 章重点介绍了这些故事，并记录了教师在设计挑战单元的不同阶段是如何工作的。在整本书中，我们用工程设计挑战示例来呈现两个方面：（1）介绍和强调重要的观点、策略和讨论要点，（2）保持本书的趣味性并将其置于课堂和教学的情境中。

本书的前 3 章提供了背景信息，并介绍了我们在 CEEMS 项目中使用的特定教学方法 EDP。我们讨论了设计挑战单元框架是如何与现行的教育标准和改革联系起来的，包括《州共同核心数学课程标准》和 NGSS。我们还解释了设计挑战是如何与教学相关的教育研究联系起来的。在第 3 章中，我们界定了与工程设计挑战相关的术语，并提供了组合设计挑战单元的细节。第 4—7 章以教师故事为主，还包括部分教学计划、学生作品和课堂讲义。第 8 章为有兴趣设计和实施本书介绍的或自己的设计挑战单元的教师提供了资源工具包，包括用可公开获取的想法及信息资源来支持教师工作和学习的方法，此外还包括 CEEMS 教师认为对组织挑战很有帮助的模板和文档。

工程设计挑战

模型测试日

8年级学生分成不同团队，每个团队测试和评价他们设计的低水头坝（low-head dam）替换方案，教室里十分热闹。他们根据EDP展开研究，起草并调整方案，最后构建出一个低水头坝替换模型。今天是模型测试日，学生可以对他们自己为当地设计的低水头坝替换方案进行评估。

低水头坝替换挑战是地球科学模块的一部分，该模块重点关注水在地球上的作用以及人类对地球系统的影响。教师十分看好这一挑战，因为它与大规模全球基础设施和水资源问题关联，而且它还可以很好地说明工程学和技术是如何随着时间推移发生改变的。近期，距离两个街区远的地方发生了一场低水头坝事故，这个新闻引起大家对低水头坝的关注。

大多数团队的设计都是使用叠放的透明容器、沙子和木材来还原和演示流过水坝的水流以及水坝如何拦住水流。然而，有一个团队用借来的流动台（stream table）测试了水流的重建过程（图1.1），以还原他们在低水头坝实地考察过程中从陪同的县自然保护官员那里听到的信息。

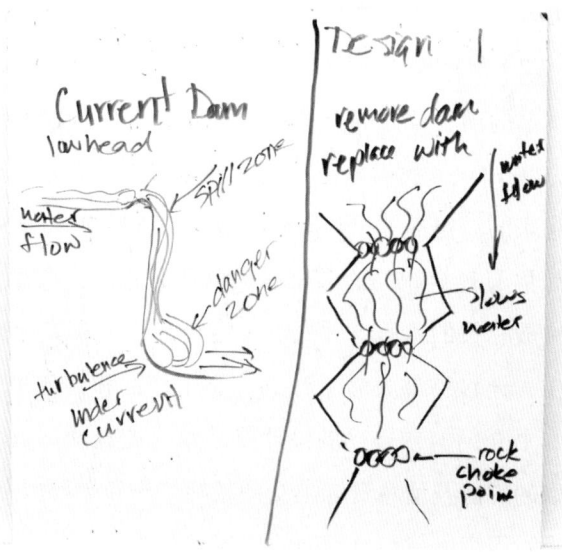

图 1.1 学生绘制的低水头坝和初始设计图

每个团队都记录了应用他们所设计的模型前后沙子的侵蚀量、水流的飞溅程度和速度。设计的目标是降低水流通过水坝后的速度、减少回流，同时使侵蚀程度保持在最低水平。在课堂分享前，每个团队都张贴了自己的设计计划、测试模型的照片和测量结果。

教师对这些设计成果感到很欣喜。除了能让学生学习课程标准要求的学科知识外，挑战还将当地的水坝难题与世界各地都在面临的水、能源和资源问题联系起来，让学生有机会与县自然保护官员代表的地方政府建立联系，为学生提供了解决当地难题的能动性，并让学生参与了真实的工程学实践。

这就是一节整合式 STEM 课堂中教学的样子。它包含了两个我们用来开发设计挑战的关键教学方法：CBL 和 EDP。苹果公司最先开发了 CBL，此后将该方法延伸为挑战学院的一部分。他们将 CBL 描述为一种灵活的、可改编的教学方法，初衷是培养学生在面临与课程内容相关的现实难题时的主人翁意识，以提高学生的积极性和学习效果（Apple Inc, 2010）。我们在 CBL 中添加了 EDP，来强调一种特殊的问题解决方式，即工程师是如何解决难题的。各学生团队的任务是为由一个大规模全球性挑战产生的多个难题设计工程学解决方案。图 1.2 阐释了我们是怎样将这两种教学方法联系在一起的。

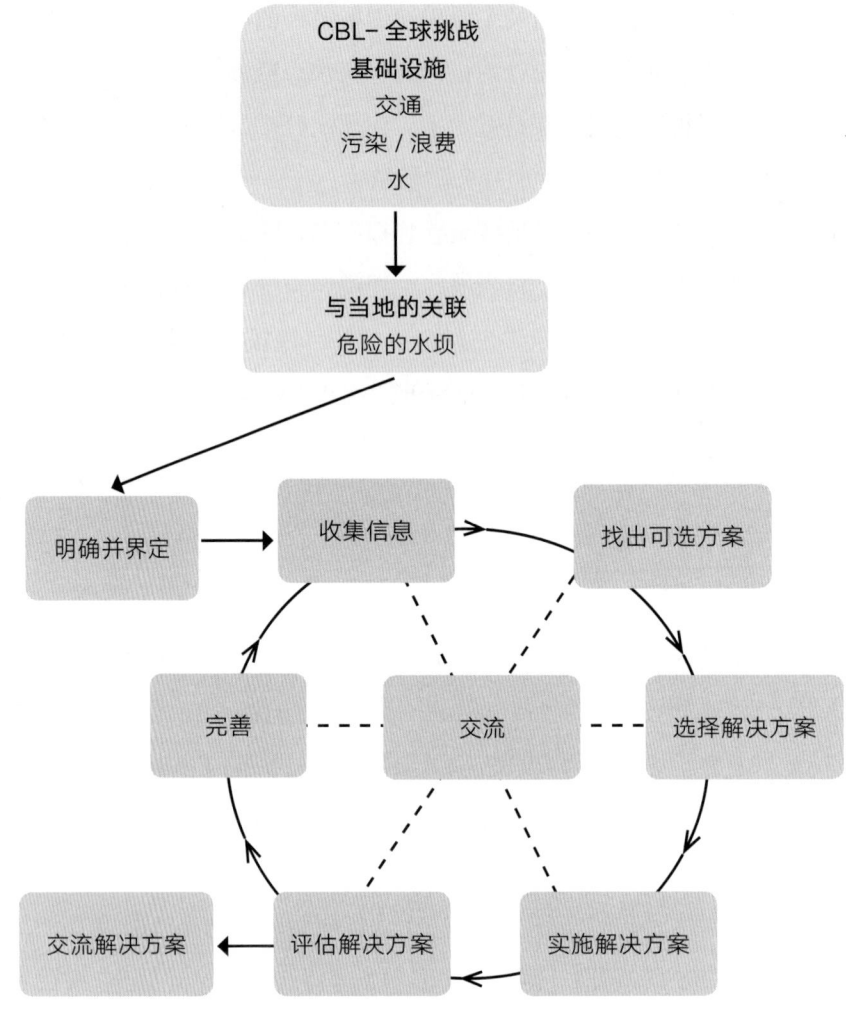

图 1.2 EDP 作为大规模 CBL 过程组分的图解

本章的后续部分将详细说明如何把 CBL 和 EDP 整合到单元设计模型中。为清晰起见,我们使用"设计挑战"一词来描述学生进行的工程设计活动或任务,并使用"设计挑战单元"一词来描述教师为学生构建教学情境所开发的教学计划和材料。

转向 STEM 教育的范式

STEM 教育通常被称为复合学科。这种"新式的整合"教育不是让学生学习孤立的事实或者仅观察某些现象，而是让学生有机会以更真实的方式理解世界。整合式 STEM 框架中的组分通常包括基于探究的方法、传统课程模式的交叉、真实学习情境的使用、工程学和设计过程、基于项目和基于问题的学习活动、职业探索和协作学习环境。美国国家科学、工程学和医学研究院（National Academies of Sciences, Engineering, and Medicine, NASEM）的报告《6—12 年级的科学和工程学》(*Science and Engineering for Grades 6-12*, NASEM, 2019) 证实了 STEM 途径可以作为"使用全纳教学法来提高教育质量，从而所有学校的学生都充分地参与到科学和工程学学习中来……高质量的工程设计学习经历可以帮助学生理解自然和人工世界"（p.13）的示例。

使用 STEM 方法来突出设计，可以促使学生理解自然和人工世界的复杂性，即真实情境中很少有问题会有唯一正确的解决方案，因此学生为了构建模型来进行解释并提出多种解决方案，需要付出不懈的努力（NASEM, 2019）。尽管工程学和设计过程并不存在唯一的模型，但是工程设计过程中包含一系列核心观点，可以指导模型的构建以供实践使用。工程设计的核心观点包括以下内容（NGSS Lead States, 2013: p.467）：

1. "界定并划分工程学难题"指根据成功标准以及约束或限制条件来尽可能清晰地陈述要解决的难题。

2. "设计工程学难题的解决方案"指首先提出多个不同的具有可能性的解决方案，然后对这些解决方案进行评价，找出其中最能满足标准和约束条件的方案。

3. "优化设计方案"指系统地测试和完善解决方案，并通过权衡重要功能与次重要功能来改进设计。

另一种了解工程学的方法是阅读罗杰·拜比（Rodger Bybee, 2011）对科学实践和工程学实践的比较表格，如表 1.1 所示。

表 1.1 拜比对科学实践和工程学实践的比较

科学实践	工程学实践
提出问题	界定难题
构建并使用模型	构建并使用模型
设计并实施探究	设计并实施探究
分析并解释数据	分析并解释数据
使用数学和计算思维	使用数学和计算思维
构建解释	构建设计方案
参与基于证据的论证	参与基于证据的论证
获取、评价并交流信息	获取、评价并交流信息

将上述讨论的核心观点与拜比的概述相结合，我们构建出一个模型，重点关注工程师如何将科学与数学应用于人类难题解决方案的设计中；如何使用系统化的工作方法，包括测试和迭代；如何与团队合作，提出并论证在规定限制条件下的最佳解决方案。由此，我们得到了教师培训和这本书所采用的 EDP 模型。本书中以及大规模项目中的教师利用此模型开发了自己的设计挑战单元，并在学生完成设计挑战的过程中将此模型作为指导纲要。图 1.3 展示了我们所使用的 EDP 模型。

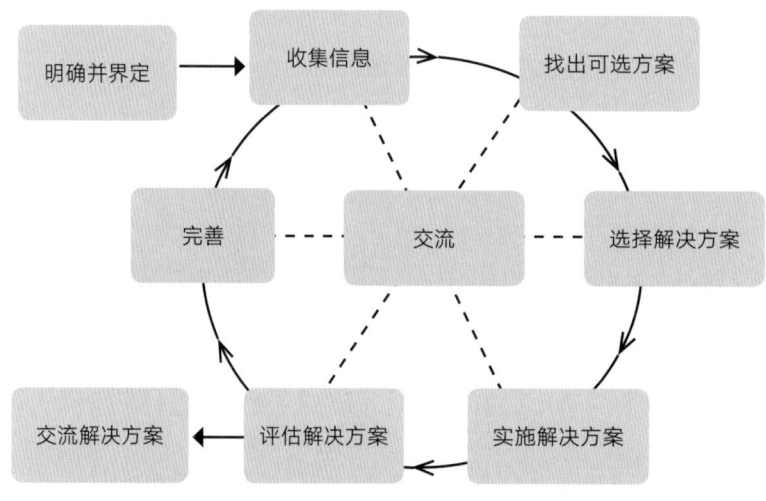

图 1.3 CEEMS 项目中的 EDP 模型

尽管科学课堂纳入工程设计这件事达成的共识更多，但是数学教育工作者也越来越认识到工程设计在数学教学中的价值。全美数学教师委员会（National Council of Teachers of Mathematics, NCTM）流程化标准（NCTM, 2000）和《州共同核心数学课程标准》均未直接涉及工程学，但这两套课程标准都意识到数学学习不仅仅是学习学科知识，培养学生的"思维习惯"同样重要（Hefty, 2015）。工程设计是培养这些重要思维习惯的一种手段。在数学课堂上，工程设计挑战可以使学生参与到问题解决、批判性思考、问题理解、推理、协作、沟通、精确测量以及数据的收集和分析当中。当初代设计失败时，学生将在寻找新的解决方案的过程中建立持之以恒的品质（Hefty, 2015）。《州共同核心数学课程标准》（NGAC and CCSSO, 2010）中列出了以下 8 条数学实践标准。通过应用工程学项目及由此养成的思维习惯，教师可以落实所有这些课程标准。

1. 理解问题并持之以恒地解决问题。

2. 进行抽象的、量化的推理。

3. 构建可行的论证并评判他人的推理。

4. 使用数学进行建模。

5. 策略性地使用恰当的工具。

6. 关注精确性。

7. 寻找并理解结构。

8. 在反复的推理中寻找并表达规律。

策略性地使用工程设计挑战有可能将数学知识与真实世界中的难题联系起来。以下是受到真实难题启发，由教师开发的两个工程设计挑战的例子：（1）如何利用勾股定理设计更安全、更稳定的建筑？（2）如何利用表面积和体积的知识减少包装浪费？数学教师可以通过培养学生成为 STEM 思考者的方式，将工程设计巧妙地整合到课堂中。

表 1.2 展示了 NGSS 核心工程学观点、表 1.1 中的工程学实践、《州共同核心数学课程标准》实践与图 1.3 中的 EDP 框架之间的一致性。将这些复杂的观点整理在表格中难免会使它们被过度简化，还会削弱不同实践所具有的交叉和迭代性质。但是，我们仍然将表格呈现在这里，为了说明设计挑战单元是如何同时实现多个目标的。

表 1.2 工程学及数学实践与 CEEMS 项目中 EDP 模型间的一致性

核心工程学观点	NGSS实践	《州共同核心数学课程标准》实践	CEEMS项目EDP模型
（1） • 界定 • 划分 • 标准限制	1. 界定难题 7. 基于证据的论证 8. 交流信息	1. 理解并持之以恒 2. 抽象和量化推理 6. 关注精确性 7. 使用结构	• 明确和设计 • 收集信息 • 找出可选方案 • 交流解决方案
（2） • 提出解决方案 • 测试 • 评估	2. 构建模型 3. 探究 4. 分析并解释数据 5. 计算思维 6. 设计解决方案 8. 交流信息	1. 持之以恒地解决问题 2. 抽象和量化推理 3. 进行批判性论证 4. 模型数学化 5. 策略性地使用工具	• 找出可选方案 • 交流 • 选择解决方案 • 实施解决方案 • 评价解决方案
（3） • 优化 • 完善 • 重新设计	2. 构建模型 5. 计算思维 7. 基于证据的论证 6. 设计解决方案 8. 交流信息	1. 理解并持之以恒 3. 进行批判性论证 6. 关注精确性 7. 寻找结构 8. 在反复的推理中表达规律	• 交流 • 找出可选方案 • 完善 • 评价 • 交流解决方案

基于挑战的学习和工程设计

在许多教学实践中，CBL 与基于项目的学习和基于问题的学习类似，并且我们在使用 CBL 时也结合了这两种方法的实践。基于项目的学习的经典活动会在开始时由教师向学生展示最终产品的规格，明确学生需要努力得到的成果。例如，教师会在基于项目的活动中告诉学生，要设计和建造一个滤水器来去除有害化学元素，比如铅。在基于问题的学习中，不会有给定的问题和产品，学生需要自行设置参数（Morrison, 2006）。基于问题的学习常用于医学教育，学生不仅要针对某一健康问题给出明确的治疗方法，还要结合多种信息源界定这个健康问题。CBL 通过抛出一个密切关乎全球性问题的、未明确的"大概念"，再由教师和学生共同努力将此"大概念"聚焦为一个相关的、可行的设计产品，从而将这两种方法结合在一起。

CBL 让学生有机会去界定他们想要回答的问题，并对解决的挑战提出自己的见解。事实证明，学生的选择能够高度激励并促进他们的学习（NASEM，2018）。但是从实用角度来讲，让学生来把握问题的形式、待回答的问题和要使用的方法有一点可怕而且不切实际。下面的故事描述了柯特·布莱姆林（Curt Blimline, 2013）的设计挑战，展示了一位教师如何在满足化学课程要求的同时完成 CBL 和 EDP 过程。图 1.4 详细介绍了柯特将 CBL 与 EDP 结合起来为学生设计挑战的过程。

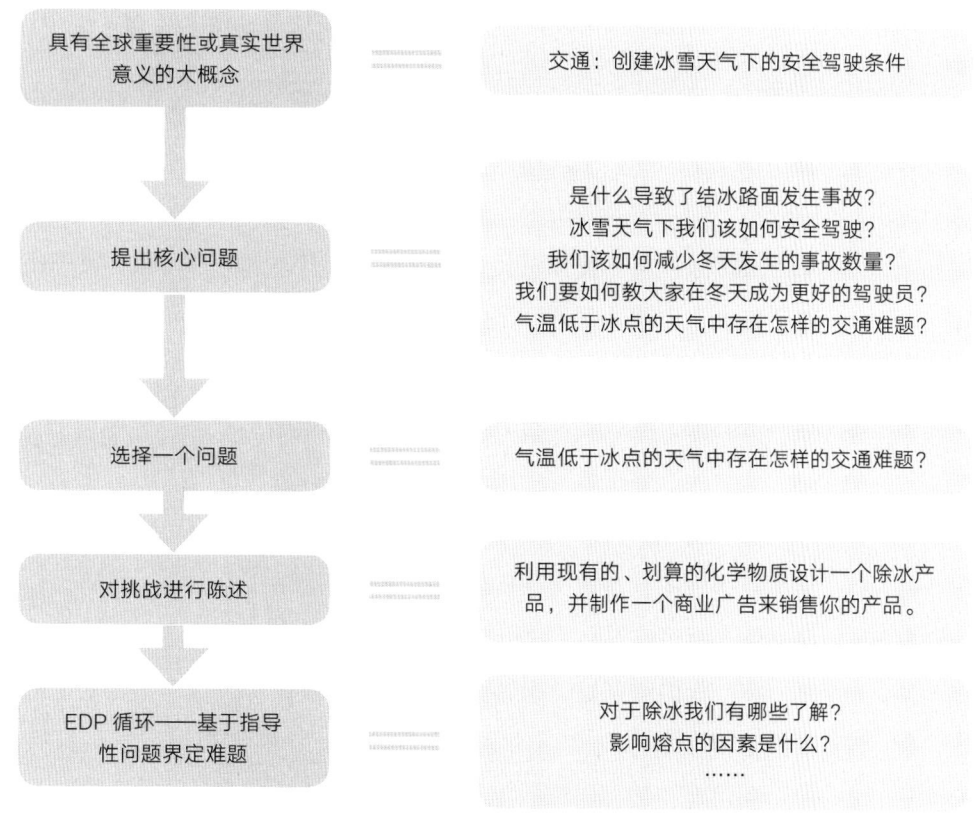

图 1.4 指向工程设计的基于挑战的学习

柯特的故事

化学教师柯特想要用一种创新的方法来教分子键和化学计量的知识。他还想要结合几个关键的科学和工程学实践。柯特了解课程标准的要求，也知道自己希望学生能够达到的目标，于是他有了一个初步的想法。这就是他从大概念转变为设计挑战的过程。

柯特在一所农村学校教书，那里经常下雪，导致路面结冰。这可能是一个让学生接触难题的教育时机。柯特的大概念是，尽管教育公平在不同地方有不同的表现，但它确实是一个全球性难题。柯特向学生介绍了教育公平的大概念。然后，他播放了一些因路面冰雪导致车祸的视频。全班学生讨论了冰冻天气会如何影响他们的受教育机会。

为了进入下一阶段，柯特分享了怎样提出一个好的核心问题来帮助理解和解决难题。核心问题不存在唯一正确的答案，也不能用简单的"是"或"否"来回答。相反，核心问题的范围很广，涉及待解决的信息和行动，而且不限于事实性答案，还要求学生做出判断并使用预测技能（Global Digital Citizen Foundation, 2016）。然后，柯特将全班学生分成不同团队，集中讨论了与道路结冰影响教育机会这一现实难题有关的核心问题。集思广益后，柯特让每个学生团队都分享了他们的核心问题，并将其列在白板上。接着，他巧妙地带领全班选定了一个核心问题，这个问题与他对挑战的最初想法接近：气温低于冰点的天气中存在怎样的交通难题？

一旦全班学生选定了挑战问题，柯特就需要帮助学生将这个问题转变为工程设计挑战。为此，他通过提出问题"我们如何使用化学物质解决气温低于冰点天气中存在的交通问题？你在家中遇到过类似的问题吗？你家附近有结冰的人行道吗？"，来促使学生关注结冰和除冰的话题。

在一天的时间里，柯特引导学生将关注点从教育公平与交通的全球性问题聚焦到了结冰温度下的道路安全。自此，柯特和全班学生最终确定了挑战：利用现有的、划算的化学物质设计一个除冰产品，并制作一个商业广告来销售该新产品。

在界定了设计挑战后，柯特和全班学生集中讨论了指导性问题，这些问题更直接地指向必须学习的化学知识，并促使学生专注于设计除冰剂所需学习的知识。这些指导性问题，也就是EDP过程的起点，阐明了挑战的限制条件。该单元的一些指导性问题示例如下：
- 什么是除冰剂？
- 除冰剂如何融化冰？
- 哪些化学物质可以用作除冰剂？
- 设计除冰剂时，我们能获取到哪些化学物质？
- 除冰剂的使用会带来哪些环境危害？
- 这款产品对其所放置的表面有什么影响？

柯特利用这些问题完善了自己的化学教学，并开发了学生完成设计挑战和他自己完成设计挑战单元所需的资源。

确定了核心问题之后，学生能够提出自己的观点来明确设计难题，从而解决核心问题。教师的目标应该是尽可能地进行以学生为中心的学习和选择，但是教师还必须确保其中包含了必要的学业知识。教师在引导学生从大概念聚焦到设计挑战的过程中要起到积极的作用，既要考虑到学生的想法和选择，又要设定目标和规范以确保在课堂上可以完成挑战，这一点至关重要。为此，教师需要从一开始就规划出一个挑战。在其他情况下，教师可以让学生以书面形式提交他们的想法，课后再阅读，并从中选择或修改一个普遍且可行，还能满足该单元知识学习目标的想法。

在将核心问题转化为设计挑战后，全班学生可以进一步提出指导性问题。设计挑战的指导性问题会详细指明学生为完成挑战必须学习的科学知识，还会说明学生在设计、测试、完善和重新设计产品及想法时所需的材料和资源。指导性问题启动了 EDP 循环，并着重于知识学习目标。

落实课程标准

当要求教师使用新的教学方法时，大多数人会担心该如何像以往一样落实好必要的课程标准，并帮助学生应对那些不可避免的高利害考试。大家在初次面对设计挑战单元时，可能会因为它用时较长而产生同样的担忧。不过，我们通过对比设计挑战单元前后的评价结果来呈现学生在学科知识理解上的提升情况，结果表明学生在这方面的表现与传统教学方法的学习效果接近。我们的研究结果具有扎实的教育研究基础，正如研究所指出的，当学生能够参与到课堂当中并具有主体性时，他们能够通过"自主学习"达到最好的学习效果（NASEM, 2019: p.148）。

成功的关键在于，开发设计挑战单元时要仔细考虑并选择恰当的课程标准或课程标准的组合。为此，一些教师会先选择课程标准，再去考虑有哪些设计挑战能够阐明这些课程标准。由于部分课程标准对学生而言难度较大，并且学生对某些主题存在错误概念，因此教师必须想办法利用动手活动使现象更易于理解。例如，一位 AP（大学先修课程）微积分课程教师指出，在第 1 轮教学中，相关变化率是学生学习的难点。通常，到了期末复习的时候，也就是 AP 微积分课程考试之前，学生才能完全理解相关变化率。这位教师在她开发的设计挑战单元中，重点介绍了在水流量中应用相关变化率的真实案例，并进一步设计出了专用雨桶。

其他教师可能是先构思出了一个大概念或设计挑战，然后再尝试将课程标准整合到挑战当中。例如，一位 7 年级数学教师所在的教学楼中，储物柜窄小、破损而且过时了，这让学生抱怨不断。教师从这个现实问题入手，根据储物柜的糟糕状况开发了一系列设计挑战单元。然后，她努力尝试将这一全球性挑战与她要完成的几何学课程标准联系起来。在第一个单元中，学生利用比例模型，将几何学课程标准中的表面积、体积和问题解决应用于学校储物柜的替换设计。在下一个单元里，各学生团队探究了精准测量和测量转换对制作新储物柜的比例模型的重要性。最后，学生决定以最有效和最经济的方式将储物柜运送到学校，从而将比率和比例关系应用到了物流行业。

部分教师在设计挑战中会采用另一种方法，将多种不同的技能和课程标准整合在一个单元中（Heitin, 2015）。这些单元让学生有机会综合运用多个课程标准涉及的技能和知识，来体会工程师的真实工作状态，也就是使用各学科中的众多概念解决难题。例如，一位 8 年级数学教师需要落实 8 年级数学的所有课程标准，并帮助学生深入了解高中代数。因此，在他的设计挑战单元中，设计挑战包含多个课程标准涉及的知识。他的"蹦极芭比"单元涉及了 8 年级课程标准中的统计学和概率，以及代数中的线性函数。在活动中，学生为芭比娃娃或其他可动人偶设计了一场安全但刺激的蹦极。挑战不仅要能够吸引学生，还要能够有效地涵盖各种课程标准。

构建全纳且合适的课程文化

为了让学生在设计挑战单元中有所收获，教师必须在此之前构建出一种课堂文化：强调团队合作，与同伴交流，即使对一些数学和科学概念的掌握还不够好，也不羞于分享自己的想法。那种由教师或书本直接向学生灌输信息的传统课堂并不适合进行设计挑战。在实施设计挑战单元之前，教师要对课堂做出改变，让学生有机会进行自主学习并对这种学习方式建立信心。

此外，教师要在课堂上创造出一种全纳学习环境来实施设计挑战单元。教师开发的设计挑战单元要能够接纳学生带来的丰富文化、历史和发展多样性（NASEM, 2018）。那种期望所有学生都获得相同学习结果的约束型课堂暂时还不适合创建设计挑战。教师先预备出一系列方法来支持所有学生学习，并让他们自由选择获取信息和展示学习成果的方式。

实施设计挑战单元并不会使课堂变为学习设计挑战的理想环境，必须在实施设计挑战之前就对课堂进行创建并做好维护。我们建议的方法高度吸纳了美国国家学术出版社（National Academies Press）分别于 2018 年和 2019 年发布的报告《人们如何学习 II》（*How People Learn II*）和《6—12 年级的科学与工程学》的内容，二者都可以在美国国家学术出版社的线上资源中找到。这两份报告强调了学习是一种社会活动，在这种活动中，文化和历史背景以及社会化将会塑造学生带入课堂的思维习惯。设计挑战单元可以作为桥梁，让不同的学生用自己特有的认知方式达成学校的课程目标，从而殊途同归。CBL 框架通过使用复杂的全球及现实问题，已呈现出对 STEM 课堂公平性的促进作用。"与此有关的情境化经历还帮助 STEM 教育及英语学习者中的弱势群体获得了学习科学的机会"（Tolbert et al., 2014）。这样，这些成型的设计挑战单元才能覆盖到所有已经准备好投身到复杂团队合作当中的学生，而不受学生背景的影响。

如果教师觉得自己的课堂暂时还不能进行耗时多天的设计挑战，那么可以在学年初期实施一些基础的、以学生为中心的学习活动，这也会有所助益。教师在应对学生为完成任务而做出的选择和决定时，应当达到自如的程度。同时，无论在团队中还是面对更大的集体，学生应当敢于交流自己的一些试探性想法。班级里的每一位学生都必须与团队合作，共同完成任务。最后，学生轻松地提出多种解决方案和选项，然后论证他们最终选择的是其中的最佳方案，而不是唯一可行的方案。

为了让大家更好地做出决策和选择，我们建议使用全方位学习设计（Universal Design for Learning, UDL）方法（Buxton et al., 2013; Center for Universal Design, 1997; Rose and Meyer, 2002）。UDL 的指导原则是为学生提供多种方式去获取、交流和呈现信息，并进行学习。包括计算器、电子表格或文本阅读器在内的基本技术工具为学生收集或处理所需信息提供了多种选择。

为了让学生更好地分享自己的尝试性想法并论证观点，教师需要多加练习。教师和学生都已经习惯了"提问－回答－评价"的课堂结构，也称为"启发－回应－评价/追问"的话语模式（Cazden and Beck, 2003）。从学生的角度来看，这种话语模式可以归结为持续的最小型测试。为了摆脱这种话语模式，教师需要提出更深入的启发式问题。然后，当有一个人做出回应时，教师需要继续提问，让其他学生也参与到对话中。例如，教师可能会提出以下问题：

- 这个回答好在哪里？
- 有谁能换一种方式来表示这个答案吗？
- 你能举出一个会得到不同结果的例子吗？

这些提问都对答案进行推理探讨，以及换一种方式表达观点，目的是将关注点从答案转移到思考上。这说明答案和获得答案的方式都不止一种。

帮助学生开展团队或小组合作需要开展练习和建立基本规则。把他们称为学生团队或者学生小组都可以，这并不重要，因为这两个术语通常可以互换。但是，我们认为在设计挑战中使用"团队"更为合适，因为它表明需要集体的努力才能完成挑战。部分教师喜欢对学生进行角色分配，而其他教师则会让团队自由分工。我们建议最开始时给每个团队成员都分配一个角色。在分配角色之前，请确保学生知道每个角色的意义以及担任这个角色的人要完成的任务。然后让学生有机会练习扮演每一种角色。一旦学生熟悉了设计挑战中各个角色的作用和相应的活动内容，他们就可以根据需要调整和分配任务。

为设计挑战单元准备课堂环境的目的是，让实践活动和学习过程能够帮助学生顺利地、自信地使用他们的知识库，并因此获得团体成功。设计挑战单元需要让学生走出传统课堂的舒适区，但又不能走得太远，以免无法进行有效的学习。对每位教师而言，找到为之付出不懈努力的要点就是一个设计挑战！

总结和要点

设计挑战单元反映了 STEM 教育的需求和要求，符合并达到了美国国家科学和数学课程标准及实践的要求，同时提供了一种新的契机，让学生和教师能够将学校中的科学和数学与真实世界中的问题联系起来。CBL 借鉴了几种教学实践，这些实践都把以学生为中心的学习作为核心。将 CBL 方法整合到工程设计中具有独特的潜力，能让所有学生更容易接触到科学和数学。设计挑战激发了学生的兴趣并提高了学习效果，而那些原本不考虑 STEM 职业的学生可能会改变主意。

在为设计挑战构建有效学习环境的过程中，教师起到重要的作用，需要借助自身对课程的了解，以及在课程中纳入设计挑战的可能性。无论教师是从必须完成的课程标准开始，还是围绕设计挑战以新的方式将标准整合起来，他们都需要衡量学生的想法、课程要求以及可用的时间和资源来开发设计挑战单元。最后，教师需要确保自己已经准备好要融入一个以学生为中心的全纳课堂环境里。如果学生没有自己主导的学习经历，也没有对主导能力的信心，那么大多数学生还不能应对复杂的设计挑战。本章重点介绍了以下 5 个要点，我们认为这些都是教师在开始设计挑战单元时需要牢记的：

1. 工程设计活动包括了《州共同数学核心标准》和 NGSS 中规定的科学和数学实践以及思维习惯。
2. CBL 借鉴了基于项目的学习和基于问题的学习。用全球性挑战来发起单元设计挑战可以创建一个全纳的学习环境。
3. 在将大概念聚焦到课堂设计挑战的过程中，教师必须发挥积极的作用。为此，教师在开始进行单元设计时就要计划出一个挑战，并与学生一起敲定和完善问题与挑战。
4. 设计挑战单元需要在科学和数学课程标准及实践的指导下进行开发，但是教师可以根据学生的学习需求和课程情况灵活地使用这些课程标准。
5. 设计挑战单元是一种全纳的教学策略，教师要做好课堂学习环境复杂化的准备。教师应当事先评价课堂环境，并使用预先准备的活动来培养学生需要的技能，以帮助学生获得成功。

表 1.3 列出了一些简短的注意事项，帮助教师开发设计挑战单元，以实现课堂教学要求。

表 1.3 设计挑战单元的注意事项

可以做	不要做
向学生展示一个与全球性问题相关的大概念	过于聚焦大概念
让学生集中探讨大概念中的核心问题	不顾学生的想法就说出和界定核心问题
将学生提出的问题与必须学习的标准和学习目标对应起来	使学生偏离学习目标
将核心问题整合为一个可以作为设计挑战陈述的问题	让问题或设计挑战过于开放
针对设计挑战需要的知识提出指导性问题	提出的指导性问题偏离必须学习的学科知识和过程

参考文献

Apple Inc. 2010. Challenge based learning: A classroom guide.

Blimline, C. 2013. Melt-away unit. Cincinnati Engineering Enhanced Mathematics and Science Partnership.

Bransford, J., A. Brown, and R. Cocking. 1999. *How people learn: Brain, mind, experience, and school.* Washington, DC: National Academies Press.

Buxton, C., M. Allexsaht-Snider, R. Suriel, S. Kayumova, Y. Choi, B. Bouton, and M. Baker. 2013. Using educative assessments to support science teaching for middle school English-language learners. *Journal of Science Teacher Education* 24 (2): 347–366.

Bybee, R. 2011. Scientific and engineering practices in K–12 classrooms: Understanding a framework for K–12 science education. National Science Teaching Association.

Cazden, C., and S. Beck. 2003. Classroom discourse. In *Handbook of Discourse Processes,* ed. A. Graesser, M. Gernsbacher, and S. Goldman, 123–165. Mahwah, NJ: Lawrence Erlbaum Associates.

Center for Universal Design. 1997. *Seven principles of universal design for learning.* Raleigh, NC: North Carolina State University.

Global Digital Citizen Foundation. 2016. The EQ guidebook for understanding and creating essential questions.

Hefty, L. J. 2015. STEM gives meaning to mathematics. *Teaching Children Mathematics* 21 (7): 422–429.

Heitin, L. 2015. "Updated map: Which states have adopted the *Next Generation Science Standards*?" Curriculum Matters (blog), Education Week.

Morrison, J. 2006. Attributes of STEM education. TIES STEM Education Monograph Series.

National Academies of Sciences, Engineering, and Medicine (NASEM). 2018. *How people learn II: Learners, contexts, and cultures.* Washington, DC: National Academies Press.

National Academies of Sciences, Engineering, and Medicine (NASEM). 2019. *Science and engineering for grades 6–12: Investigation and design at the center.* Washington, DC: National Academies Press.

National Council of Teachers of Mathematics (NCTM). 2000. *Principles and standards for school mathematics.* Reston, VA: NCTM.

National Governors Association Center for Best Practices and Council of Chief State School Officers (NGAC and CCSSO). 2010. *Common core state standards.* Washington, DC: NGAC and CCSSO.

National Research Council (NRC). 2012. *A framework for K–12 science education: Practices, crosscutting concepts, and core ideas.* Washington, DC: National Academies Press.

NGSS Lead States. 2013. *Next Generation Science Standards: For states, by states.* Washington, DC: National Academies Press.

Rose, D., and A. Meyer. 2002. *Teaching every student in a digital age: Universal design for learning.* Alexandria, VA: ASCD.

Tolbert, S., T. Stoddart, E. Lyon, and J. Solis. 2014. The *Next Generation Science Standards, Common Core State Standards,* and English learners: Using the SSTELLA framework to prepare secondary science teachers. *Issues in Teacher Education* 23 (1): 65–90.

第 2 章　设计挑战单元与学习理论

这一章中，我们使用泰勒·赫奇斯（Taylor Hedges）课堂上的片段来展示在基于工程学的教学中，会发生怎样的教学过程，以及这样的教学过程与学习科学研究间的联系。泰勒的教学实践源于一种建构主义学习理论，这种理论可以简洁地描述为"人类学习的一种思维方式，它将学习视为学习者主动建构知识的过程，并且会受到社会互动的积极影响"（Hewson et al., 1999: p.248）。我们以泰勒作为指导，将她的实践与两份详尽的研究报告——《人是如何学习的：大脑、心理、经验及学校》（*How People Learn: Brain, Mind, Experience, and School,* Bransford, Brown, and Cocking,1999）和《人是如何学习的 II：学习者、境脉与文化》（*How People Learn II: Learners, Contexts, and Cultures,* NASEM, 2018）——联系起来。在此类研究综述的支持下，这些内容帮助我们定义了本章中的学习活动。我们用EDP 和 CBL 来开发设计挑战单元，从而实现了"投入式学习"，让学习者感到自己与所学习的活动间有着深刻的联系（DiSessa, 2000: p.68）。此外，我们不仅讨论了设计挑战单元支持儿童学习的机理，还讨论了为儿童创造有意义的学习机会的重要性。

另一个重要的考虑因素是，我们认为教师不必把学生需要知道的一切都教给他们。"更好的教育目标应该是帮助学生掌握智力工具和学习策略，以获取那些能让人们进行有效思考的知识"（Bransford, Brown, and Cocking, 1999）。因此，教师实施设计挑战单元的故事都着眼于将学生培养为高效的学习者，学生要为自己的学习负起责任，而教师则充当资源提供者和引导者。指导策略将促使学生深入到学习活动中，规划学习进程，以及评估和完善他们的产品或者整个学习过程，从而获得高效的、投入式的学习结果。

设计挑战活动涉及以小组或大集体形式进行知识的构建、应用和交流。泰勒的故事充分说明了一个设计挑战单元如何才能创造出投入而有效的学习环境。讲完泰勒的故事之后，我们直接参考了《人是如何学习的》和《人是如何学习的 II》来讨论设计挑战单元所鼓励的知识和推理。然后，我们将深入研究如何整合其他的重要学习因素，例如先验知识、元认知和迁移。最后，我们将讨论使用设计挑战单元来营造能够支持和增强学生动机的学习环境。

知识和推理

泰勒的课堂，场景一

泰勒教 9 年级代数已经 4 年了。在过去的几年中，她的目标是利用她在夏季工程学项目中学到的工程设计挑战结构，将所有单元转化为基于问题的学习。假期结束、学校开学后，泰勒计划教授一个统计学单元。教材上的问题全都是体育统计学知识和涉及预测的任务，并不是所有学生都感兴趣。放假期间，泰勒读了马特·里希特尔（Matt Richtel, 2014）的《致命的走神》（*A Deadly Wandering*）一书，内容涉及驾驶和发送短信。这本书激发了一个关于工程学引子的灵感，这个引子还附带着随之产生的许多工程学问题。

泰勒想知道学生能否设计出一种更高效的打字键盘。学生可以用自己的短信作为数据来源，然后运用统计学知识来找出使用频率最高的字母。这可以很好地回顾以往学习过的课程标准，包括抽样、绘图和描述分布。之后他们会接触到高中课程标准的核心，并利用这个信息创建用于预测的统计学模型，来研究键盘顺序的改变将如何提高或降低效率，以及如何增加或减少错误次数。

泰勒喜欢使用多个指导性问题，这些问题与学生需要学习的内容直接相关，且涵盖了大多数数学实践。她决定试一试，而且她认为班上那些即将要开车的学生也需要正确看待有关分心驾驶的道德规范和信息。

正如《人是如何学习的 II》中所述，"学习的主要结果是知识的发展"（NASEM, 2018: p.85）。知识是一个复杂的概念，尤其是它与学习之间的关系让事情变得更加复杂。对我们来说，设计挑战单元的目标是产生可用的知识，学生掌握这些知识后，可以用它们来指导当前和未来的决策和行动。

泰勒的故事还强调了知识的另一个复杂性，就是它会以不同的形式出现。泰勒的挑战要求学生在学习方程时使用概念性知识，包括知道何时使用、为什么使用，以及它们的含义。通过选择正确的方程、计算、评估结果以及发展解决问题的关键能力，学生将获得程序性知识。

概念性知识不仅仅是需要记忆的事实和信息。书籍和互联网中充斥着信息。学生可以背诵信息，而考试也可以评价他们的记忆能力（Bransford, Brown, and Cocking, 1999）。然而，记忆性信息并不等同于知识。为了使信息成为有用的知识，必须把它整合到一个图式中，这个图式是有组织的、与情境性记忆关联起来的（Bereiter and Scardamalia, 1989），从而形成经验的表征（NASEM, 2019）。宾虚（Ben-Hur, 2006）将其设想为"一个知识的互联网络，其中的连接关系和散落的信息一样重要"（p.7）。然而，这个内部结构是一个动态界面，它早在儿童上学前就由他们在社会互动中学到的文化习俗和期望塑造好了（NASEM, 2019）。学习需要在新内化的信息及实践与先前建立的文化习俗及价值观间进行平衡。概念性知识的获取具有社会性，这意味着课堂必须为学生提供机会，让他们在共享的课程文化中进行商讨和交流。

程序性知识常常被等同于计算或测量。格里诺（Greeno）、皮尔逊（Pearson）和舍恩菲尔德（Schoenfeld）（1996）描述了这一特性，这使得当时人们认为学习数学就是学习如何通过计算来获得唯一正确的答案。然而，这并不是程序性知识的全部。杜施尔（Duschl, 1990）将知识总结为"知道如何识别问题及解决问题的策略"（p.101）。

泰勒在教统计学时，主动选择将学生的概念性知识和程序性知识结合起来。通过这样的结合以及在熟悉的、共享的文化氛围下教学，泰勒引导学生获得了可用的知识，而这样的知识要大于概念性知识和程序性知识的简单加和。对教师来说，设计挑战单元能有效引导学生在解决学科和跨学科复杂问题时构建可用的知识。这些设计挑战帮助学生构建越来越复杂的、文化共享的知识。当教师把学生引入到设计挑战单元中时，这将会支持学生发展知识结构，让学生能够提升作为问题解决者的能力。

先验知识

<blockquote>

泰勒的课堂，场景二

交互式白板上的核心问题是："为了让你能最高效地发送短信，你将如何为手机设计一个短信专用的触摸屏键盘？"

正在学习数学的9年级学生以4人或5人为一个团队，他们在手机和需要在课堂上完成的"创建研究计划"电子文档间切换注意力。文档中包含一个有如下提示的表格：

1. 我们今天了解什么
2. 我们需要定义/商定的术语
3. 我们需要研究和回答的问题，以及谁来负责哪些问题
4. 我们今天要努力完成 EDP 的哪些阶段

第4团队由3名女生和1名男生组成，成员间的对话揭示了他们研究手机的原因。萨拉（Sarah）说："尽管我们有3种不同的手机，但所有的键盘都是一样的。"拉伊（Raj）补充道："是谁决定这样来排列字母的？并没有拼写成单词或排成任何有意义的顺序。"赖格（Reign）在现有知识板块中写道：

</blockquote>

> "即使是在不同的手机上，所有的键盘也都是一样的"，在问题板块中写道："键盘是谁设计的？"然后赖格提问："我们还知道什么？"萨拉建议："也许我们所有人都应该尝试发一下短信，看看每个人是否以同样的方式来发送。"团队内开始互相发短信，并观察每个人都做了什么。

这是泰勒对设计挑战课堂的介绍，但它不只是一个引子。引入活动要求学生注意他们已经知道的关于发送短信的知识，即使他们从未考虑过将发送短信作为知识来理解。迪塞萨（DiSessa, 2000）将这种经验性知识命名为直观知识——"超越我们在学校文化制度下形成的知识刻板印象的一整套认知方式"（p.71）。每个学生的文化背景、历史背景和个人兴趣都会影响其直观知识的发展。对于教师来说，一个好的设计挑战要力求将学生的直观知识与正式教学中的先验知识联系起来。泰勒的引入通过向学生展示他们对于发送短信和键盘组织方式的已有认知，来引出学生的先验知识。

学生的直观知识和来自正式教学的先验知识是学生带入学习任务中的组织系统。该系统为新经验和新信息赋予意义，为存储和调用新知识提供体系结构。我们还知道，学生的图式经常是不完整或不准确的，这会导致错误概念。教师必须采用有效的教学来帮助学生解决错误概念，并将准确的信息内化为知识。通过观察学生在引入中使用图式的情况，泰勒洞察到了学生理解新的统计学信息的潜在方式，并且可以据此制订计划。

泰勒的引入在学习中起着另一个重要作用。引入让学生意识到自己的想法，因此他们可以对这些想法进行评价。当学生主动检查自己所学知识的状态时，这有助于他们决定还需要再学习哪些知识。这种"反思和指导自己的思考"的过程被称为元认知（Pellegrino, Chudowsky, and Glaser, 2001: p.4）。

跨学科课程如何设计：大单元、大概念和工程设计挑战

元认知、执行功能和自我调节

泰勒的课堂，场景三

赖格、萨拉、拉伊和朱厄尔（Jewell）检查了他们前一天完成的研究计划，见下表。

表 2.1 研究计划

我们今天了解什么	我们需要定义 / 商定的术语
• 即使是在不同的手机上，所有的字母排列方式都相同。 • 我们用拇指发短信（朱厄尔指出，她妈妈用拇指之外的一个手指发短信）。 • 赖格发短信最快，朱厄尔发得最慢。 • 我们都使用表情符号和简略的表达方式，而不是完整的单词。	• 键盘或手机按键 • 发短信或打字 • 效率是指简单、快速、准确，还是包括上述所有？
我们需要研究的问题	**EDP 的阶段**
• 所有手机的键盘都一样吗？ • 是谁决定这样排列字母的？ • 不同语种会有区别吗？ • 触摸屏如何知道哪一个字母被触摸了？	

萨拉大声读出每个方框里写的内容，并说："接下来，让我们开始填写图表中的 EDP 阶段。"在萨拉讲完之后，朱厄尔说："我们应该补充昨天我们设想到的其他事情。比如，我发现我们的手机上都有一大堆旧短信，我们可以用它们来查看输入次数最多的内容。"

"这样做会有什么意义？"拉伊问道。

"我不知道，"朱厄尔回答，"但我认为这是我们今天发现的一件很重要的事情，所以我不明白为什么我们不能把它列入清单中。我只是觉得有一个问题很重要，就是确认是否需要改变触控板按键。"

泰勒向学生提供的"创建研究计划"讲义是支持他们这些发展中学习者的一种方式。它是一项行动计划指南。这个表格明确要求学生提取他们的先验知识，根据他们必须完成的任务来评估行动计划，决定还需要了解哪些事情，并确定下一步的工作。《人是如何学习的 II》（NASEM，2018）明确了学生要想成功学习需要进行的 3 个关键活动，即元认知、执行功能和自我调节。泰勒的行动计划指南包含了这些活动，并且让它们相互配合。

元认知涉及自我监控活动，学生会问自己："我已经知道了什么，我还需要知道什么才能继续往前推进？"这些检查是参与式学习和主动学习的决定性特征之一。这里的参与是指学生试图理解自己如何获取和加工新信息的认知活动（Bransford, Brown, and Cocking, 1999）。

执行功能是"使人们能够朝着某个目标去计划、排序、发起和维持其行为的高级过程"（NASEM，2019: p.70）。泰勒给学生的行动计划指南是针对内部活动执行功能的外部文档。行动计划指南并没有告诉学生如何完成任务，而是迫使他们制订明确的计划。像这样的行动计划指南就是 UDL（Center for Universal Design，1997）的一个示例，旨在支持那些欠缺执行功能的学生。小组行动计划引发了"互惠教学"（Palincsar and Brown, 1984）。学生必须明确自己的内部计划，这样才能分享、精炼和监控自己的个人学习，这也是团队发展的一部分。海因斯（Hynes）和斯温森（Swenson）（2013）将这种协作式的工程学实践称为"与别人一起做工程"，对学生而言，它是工程师工作方式的模型，并带有构建执行功能技能的额外好处。

自我调节让学生能够根据既定的目标、想法和情绪来指导他们的活动（NASEM，2019）。在团队中，学生需要与队友一同来调节自己的学习活动。当学生调整自己的学习时，会意识到自己何时偏离了课程并能够做出调整。对学习的评估与测试和评估模型的工程设计过程是同时存在的。泰勒的行动计划指南帮助学生将学习活动与需要参与到设计挑战解决中的设计过程联系了起来。

如果在设计过程中包含明确的检查节点，则设计挑战单元可以培养学生的元认知、执行功能和自我调节。这些检查节点要求学生反思和评估他们的知识、目标和计划的状态，来了解他们是否仍在按计划实现目标或解决方案。泰勒让学生明确地指出已经知道的知识和需要知道的知识（即知识差距）。随后他们做出集体决定，并制订下一步的计划。泰勒通过结构化的行动计划文档积极地促进了这个过程。

知识迁移

泰勒的课堂，场景四

泰勒已准备开始上课，她知道今天需要有进一步的指导才能让学生真正进入统计学内容的学习。泰勒认为她现在应该介入学生活动了，所以今天将强制要求学生做一些分享。

泰勒请全班同学注意。"同学们，到目前为止，我已经看到了你们各个团队的出色工作，我希望每个人都有机会听听其他人对这个问题的看法。看一看我们一直在用的 EDP 图（图 2.1），今天我们将重点关注收集信息、评估解决方案和交流的阶段。请大家放松，我知道你们还没有找到解决方案，但我会检查你们展示的数据，指导你们下一步的决策。这意味着在今天的课堂结束时，我希望每个团队都能以至少两种方式展示收集到的数据，并说明如何收集到这些数据的，以及为什么认为这是展示数据的最佳方式。当你们在分享的时候，我会过来和你们每个人做一些交流。"

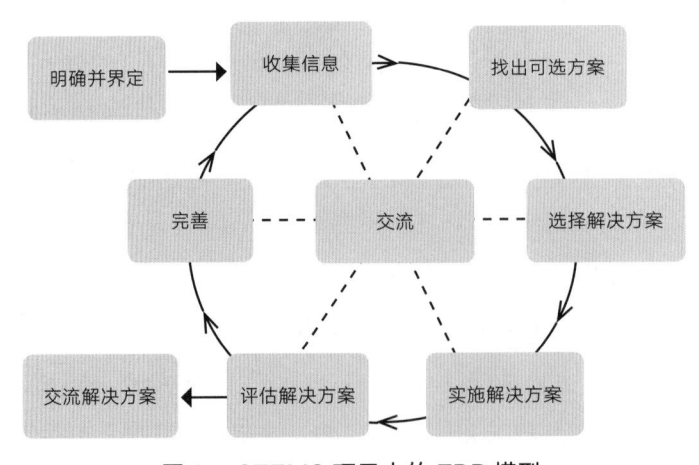

图 2.1 CEEMS 项目中的 EDP 模型

朱厄尔、赖格、萨拉和拉伊面面相觑，小声抱怨。萨拉问："她说的展示数据是什么意思？"拉伊回答说："你知道，可能是做个海报之类的。"萨拉说："我知道那个，但她说展示你们的数据是什么意思？"

在拉伊和萨拉交谈时，朱厄尔和赖格拿出他们的文档查看他们现在所掌握的信息。朱厄尔先说道："嗯，我们算出了我们各自发送的 10 条不同短信中，使用字母表中不同字母的频率。由于某些字母从未使用过，因此我们增加到 25 条短信。但是仍然有一些未使用的字母。"仔细查看这些短信后，赖格评论道："拉伊的 25 条短信里的字母总数比我们其他人少得多。例如，在我的数据中，字母 E 的数量几乎和拉伊写的全部字母数一样多。""好，好，说的好。不过有什么好的方式可以向全班展示这个情况呢？"朱厄尔问道。

拉伊回过头对大家说："我们每人制作条形图来显示每个字母用了多少次，怎么样？"萨拉考虑了这个提议，然后评论道："这意味着将需要完成 4 个非常大的条形图。这很难完成，也很难同时展示在一张纸上。""那你有更好的主意吗？"赖格问道。

朱厄尔拿出她的教科书，寻找展示数据的方法。然后她向大家展示，说："看，这些是我们可以采取的方法：条形图、饼图、散点图、箱形图或是茎叶图。哪一个最符合我们的要求？"

泰勒的学生在努力解决如何最好地展示收集到的数据时，反复讨论了收集到的数据的特点、可能使用的不同类型展示方法，以及如何在课堂展示中最好地呈现他们的信息。尽管学生认为他们是在处理单一的问题，在单一的情境下使用他们的统计学知识，但实际上他们是在多个情境中进行知识迁移。当他们明确讨论已学过的并且将要应用于此情境中的特定统计方法的利弊时，他们正在构建对统计学表示方法及其意义的牢固而灵活的理解。

第 4 团队的讨论过程证明知识迁移并不容易。正如拉金（Larkin, 1989）所解释的那样，"迁移不仅仅意味着只是在新情境下应用原有知识"（p.283）。真正的知识迁移需要"在足够新颖的环境中应用原有信息，同时需要学习新的知识"（p.283）。《人是如何学习的》（Bransford, Brown, and Cocking, 1999）阐述了学习与迁移的联系具有4个重要特征：

1. 初步学习对于迁移是必要的，而初步学习信息的方式非常重要。
2. 与特定情境联系过于紧密的知识很难迁移，较大的概念性原则更容易迁移。
3. 应该将迁移理解为知识不断变化的主动建构过程，而不是一种特定的学习结果。
4. 全新的学习始于先前学习和知识的迁移。

一个好的设计挑战单元具有复杂性，这要求学生借鉴和利用来自不同领域内外的知识，而这些领域通常被认为是科学或数学课堂的一部分。在泰勒的课堂上，学生在为解决眼前的问题设计可行的方案时，他们会考虑到语言的使用、写作和阅读。例如他们考虑删除用于短信简写的元音。他们讨论自己的发现时，利用了绘图和表示方法的知识。一个好的设计挑战总是要求学生在新的情境下考虑到从正式教学、非正式教学以及个人经验中获得的知识。泰勒的设计挑战单元有明确的内容学习目标：希望学生学习统计学方法来分析数据。创建更高效键盘的过程为学生的学习和将知识应用于实践提供了情境。以后，泰勒还可以挑战学生，让他们观察统计学表示方法如何应用在其他情境。

学习动机

场景五　泰勒的课堂

拉伊、萨拉、朱厄尔和赖格盯着前一天他们与全班同学分享的饼状图。他们也检查了泰勒给他们做的笔记以及同学们的问题与评价。朱厄尔叹了口气，说道："昨天我还确信我们在按计划进行，但现在我比以前更加困惑了。其他人怎么知道要将所有数据放到一个图表中呢？我甚至不知道我们为什么还要继续尝试。"

拉伊安慰道:"我觉得我们已经很接近了,朱厄尔。听取了其他团队的做法后,我发现似乎他们都是从单个的图表开始,然后又想办法将它们组合起来的。"

"我想我知道我们需要做什么,"赖格说,"你们还记得当我们第一次看数据时,我说我们 25 条短信中的字母总数不同吗?我们需要找到一种方法来理解为什么在同样数量的短信文本中,我们所用字母的数量不同。或者我们需要找到一种方法来比较我们所有人的平均数。"

"或者两者都需要,"萨拉说道,"我们有几种方法来解决这个问题。我们所用字母的数量不同的原因可能有哪些?让我们列个清单吧。"

朱厄尔兴奋起来,开玩笑说:"一个原因是拉杰没有耐心,不想花时间把所有内容打出来,哈哈。好了,我们可以将数量不同的原因列举出来,请老师过来讨论一下标准化的方法。"

第 4 团队在向全班同学做展示后遇到了重大挫折。他们各自做的饼状图并没有得到预期的成功。朱厄尔似乎准备退出了。朱厄尔听着课堂上的报告,看到了自己的失败,这让她几乎没有动力继续前进。而另一方面,拉杰则发现了他们做得成功的地方,这鼓励他继续前进。这说明了相同的经历可能导致两种不同的动机结果。

贝赖特(Bereiter)和斯卡尔达马利亚(Scardamalia)(1989)将需要在外部指导(教师促发的动机)和自我指导(学生促发的动机)之间取得平衡的学习称为基于学校动机的有意学习。众所周知,孩子们表现出"一种强烈的投身有意学习情境中的意愿……在这种情境中,除了纯粹的满足感之外,并没有需要改善的外部压力,也没有反馈或奖励"(Bereiter and Scardamalia, 1989: p.103)。我们也知道有些学生是为了获得奖励或避免负面评价而努力的。正如《人是如何学习的 II》(NASEM, 2018)所述,这些学生类型的好处是其学习所需的内在和外在动机都"可以随着时间的推移而发展,并因个人的学习经历和环境而变化"(p.111)。由于拉伊和朱厄尔在一个团队中学习,这能够对他

33

们的动机状态产生积极的影响。

1989年，卡罗尔·德韦克（Carol Dweck, 1989）提出，人们对智力的看法是连续统一的，两端是固定智力和可塑智力。这些思维模式的产生是源于人们的假设以及他们对自身能够影响环境的能动性和效能感的解释（NASEM, 2019）。学生对效能感和能动性的看法影响着他们承担和坚持学习任务的意愿。这些观点也会影响他们设定目标和评估他们在实现目标过程中的成就水平，然后带来成功感或者失败感。成功了的冒险令人振奋，但失败了的则不然。在开发设计挑战单元时，教师创设的学习经历不仅要激励学生进行智力冒险，也要培养他们的成功感。幸运的是，设计挑战的迭代性不会给失败的尝试贴上"失败"的标签。相反，这是改进设计的重要一步。正如EDP循环中用于寻找设计挑战最佳解决方案而建模一样，学生运用论述和推理的方式改进原有尝试而继续学习的意愿会发生在连续的、经常迭代的过程中。

《K—12教育中的工程学：认识现状与改善前景》(*Engineering in K–12 Education: Understanding the Status and Improving the Prospects*, NASEM, 2009) 报告发现，将工程学纳入课程后，学生在STEM领域的动机和成就得到了提高。工程学情境是增强学生学习动力的有效手段，因为它将内容与真实世界联系起来，为学生提供制定决策的机会，鼓励学生进行智力冒险，并将失败视为学习过程中暂时而常规的一部分。

设计挑战单元的核心是对产品或流程的持续改进，正如学习是一个持续提高知识运用能力的过程。许多学生正因为专注于产品，他们才有动力去应对设计挑战，但同时设计任务也促进了学生思维模式的发展。

总结和要点

在本章中，我们观察了泰勒和她的学生在代数课上通过设计挑战来创建一个短信专用的触摸屏键盘。作为设计挑战的一部分，泰勒开展了关于学习和动机的研究，以培养学生成为投入式的学习者。我们已经看到许多像泰勒这样采取了行动的教师。以下几点可以帮助所有教师开发与当前教育研究结果一致的设计挑战单元：

1. 引导学生参与真实学习的教师要理解让学生背诵并回忆事实与让他们构建解释并应用新观点解决问题的区别。
2. 成功创设设计挑战的教师要知道先验知识的重要性。
3. 教师使用发展和支持学生元认知、执行功能和自我调节的策略能够帮助学生将所学知识与新情境联系起来。
4. 想要激励学生成为有好奇心的、独立的和自信的学习者，教师要给予学生很多进行学业冒险和做出学习决策的机会。

参考文献

Ben-Hur, M. 2006. *Concept rich mathematics instruction.* Alexandria, VA: ASCD.

Bereiter, C., and M. Scardamalia. 1989. Intentional learning as a goal of instruction. In *Knowing, learning, and instruction,* ed. L. Resnick, 361. Mahwah, NJ: Lawrence Erlbaum Associates.

Bransford, J., A. Brown, and R. Cocking. 1999. *How people learn: Brain, mind, experience, and school.* Washington, DC: National Academies Press.

Center for Universal Design. 1997. *Seven principles of universal design for learning.* Raleigh: North Carolina State University.

DiSessa, A. 2000. *Changing minds: Computers, learning, and literacy.* Cambridge, MA: MIT Press.

Duschl, R. 1990. *Restructuring science education: The importance of theories and their development.* New York: Teachers College Press.

Dweck, C. 1989. Motivation. In *Foundations for a psychology of education,* ed. A. Lesgold and R. Glaser, 87. Mahwah, NJ: Lawrence Erlbaum Associates.

Greeno, J., P. Pearson, and A. Schoenfeld. 1996. Implications for NAEP of research on learning and cognition: Report of a study commissioned by the National Academy of Education. Panel on the NAEP Trail State Assessment. Stanford, CA: National Academy of Education.

Hewson, P., B. R. Tabachnick, K. M. Zeichner, K. B. Blomker, H. Meyer, J. Lemberger, R. Marion, H. Park, R. Toolin. 1999. Educating prospective teachers of biology: Introduction and research methods. *Science Education* 83 (3): 247–273.

Hynes, M., and J. Swenson. 2013. The humanistic side of engineering: Considering social science and humanities dimensions of engineering in education and research. *Journal of Pre-College Engineering Education Research* 3 (2): 31–42.

Larkin, J. 1989. What kind of knowledge transfers? In *Knowing, learning, and instruction,* ed. L. Resnick, 283. Mahwah, NJ: Lawrence Erlbaum Associates.

National Academies of Sciences, Engineering, and Medicine (NASEM). 2009. *Engineering in K–12 education: Understanding the status and improving the prospects.* Washington, DC: National Academies Press.

National Academies of Sciences, Engineering, and Medicine (NASEM). 2018. *How people learn II: Learners, contexts, and cultures.* Washington, DC: National Academies Press.

National Academies of Sciences, Engineering, and Medicine (NASEM). 2019. *Science and engineering for grades 6–12: Investigation and design at the center.* Washington, DC: National Academies Press.

Palincsar, A. S., and A. Brown. 1984. Reciprocal teaching of comprehension monitoring activities. *Cognition and Instruction* 1 (2): 117–175.

Pellegrino, J., N. Chudowsky, and R. Glaser. 2001. *Knowing what students know: The science and designs of educational assessment.* Washington, DC: National Academies Press.

Richtel, M. 2014. *A deadly wandering: A mystery, a landmark investigation, and the astonishing science of attention in a digital age.* New York: HarperCollins Publishers.

第3章 定义和使用设计挑战单元

经验丰富的教师可自行决定单元计划的策略，或者学校或地区可能希望教师使用特定格式，以便教师之间共享素材。我们在 CEEMS 项目中开发和使用的设计挑战单元模板为项目教师小组提供了类似功能。我们需要通用的语言和指南以供所有人使用。这有助于加强教师和项目团队之间的沟通，并可以在本书和 CEEMS 网站上共享开发的单元。

我们还发现，单元模板为新教师和首次编写设计挑战单元的教师提供了支持和指导。模板将教师的注意力集中在设计挑战单元的重要特征上，并促使他们纳入重要的学习和教学事项，否则这些内容很容易被教师遗漏。模板将提示教师考虑诸如以下事项：学生过去在学科上获得的成功、典型的学生错误概念以及形成性和总结性评价的使用。它也提示教师评价自己对设计挑战的先入之见，并阐明与真实世界的应用、职业生涯之间的关联，以及挑战的社会影响。

在本章中，通过让教师完成模板以及将模板与自己的教学关联起来，并在必要时定义使用的某种特定语言，我们将解释和讨论模板的使用过程。在此，我们希望当教师具体参考第 4—7 章中的步骤时，他们就会明白模板是如何融入设计挑战单元的整体结构中的。本章还涉及有关模板的详细信息，供教师使用并开发自己的设计挑战单元。为了便于理解和使用，本章中我们将整个单元计划模板分为几个较小的板块来进行讨论。附录中将呈现完整的单元模板和每个部分的说明。

课时和活动模板组分：定义术语

设计挑战单元： 一个包含多课时的单元，让学生参与一系列学习体验，其中包括一个挑战和一个工程设计过程学习体验。

课时： 由两个或多个学生学习活动组成的单一教学周期。

教学活动： 用于实现适当学习的有计划的教学策略，可能包括教师主导的教学（如直接的教学、演示/实验室操作），或学生主导的教学（如团队头脑风暴、规划、同行评议、解决设计挑战和学生演示）。

大概念： 驱动该单元并与真实世界难题链接的全球性挑战或问题。

引入： 一个将学生引向大概念的有趣的、真实的活动。

核心问题（预期的）： 教师希望学生从大概念中提出的问题。这些问题明确了大概念，并有助于建立挑战的边界。

挑战： 学生完成设计挑战的大致思路。教师将与学生一起提出确切的挑战。

限制： 与资源、材料、信息、空间或预算有关的问题。这些问题可能会限制学生完成设计挑战的程度。

指导性问题（预期的）： 由学生提出的和由教师指导的问题。这些问题确定了指导分析挑战主题所需的新的或额外的信息，概述了学生认为他们需要知道的知识，以便为应对挑战创设可行的解决方案。

职业： 教师将要介绍给学生的与挑战有联系的 STEM 职业，以及将如何介绍这些职业。

使用设计挑战模板

单元计划是一项整体活动，要求计划者同时考虑多个问题：（1）我的学生需要知道什么（内容和课程标准）？（2）我希望我的学生如何展示他们所学的内容（评价）？（3）我希望我的学生做什么来学习他们需要知道的东西（教学活动）？（4）对于设计挑战单元，我的学生如何以及在哪个阶段能够对问题 1、2 和 3 做出决策？开发设计挑战单元的过程首尾相连并存在循环，使得它很难用文字来解释，因为文字内容有明显的线性特征。为了尽可能有效地描述该过程，我们将模板分为三个阶段，并分别进行讨论，同时我们知道没有一个阶段是孤立发生的，所有阶段都必须足够灵活以适应学生的想法。这些阶段是：

  A. 准备阶段，关注从使用课程标准进行规划到开发设计挑战任务的所有事情；

  B. 通过设计来学习，强调了学生通过所做的事情来展示他们是如何学习的；

  C. 检查和交互检查，将教学计划与学习理论、工程学教育目标联系起来。

准备阶段

单元模板的准备阶段（模板 3.1）让教师充分发挥想象力，考虑如何让学生以一种真实的方式参与到课程标准要求的内容中。

模板 3.1 设计挑战的准备阶段

1. **单元课程标准**

   确定 NGSS 和 / 或 CCSS 中包含的标准，带着字母和 / 或数字标识符从 NGSS、CCSS 中复制并粘贴下来。

   _____

   _____

2. **单元概要**

   大概念（包括全球相关性）

   _____

   _____

（预期的）核心问题

列出至少 3 个学生可能提出的问题，用黄色突出显示界定挑战的那个问题。

_____

_____

3. **单元背景**

   选择该学科内容的原因

   检查所有适用的情况。

   ☐ 学生以前在标准化考试、期末考试或者学校或学区举行的任何考试中，该学科内容的得分很低。

   ☐ 学生普遍存在对该学科内容的错误概念。

   ☐ 该学科内容非常适合使用 CBL 和 EDP 教学方法进行教学。

   ☐ 所选学科内容符合学年教学计划的进度安排。

   ☐ 其他原因（可以是多个）：

   _____

   _____

   引入

   用几句话描述你将如何用引人注目的"引入"来介绍大概念，并把学生吸引到这个主题上来。

   _____

   _____

挑战与限制

勾选你的挑战期望得到的最终结果。

☐ 产品　　　或　　　☐ 过程（选择一个）

对挑战的描述	相应的限制清单

教师预期的指导性问题

这些问题适用于挑战并可能随着学生的想法而发生变化。

_____

_____

尽管规划是由课程标准驱动的，如单元模板的第一步所示，但我们也赞成威金斯（Wiggins）和麦克泰格（McTighe）(1998) 的逆向设计观点。对于自己的单元设计，教师一旦知道了感兴趣的课程标准（见第 1 章落实课程标准），那么就要大胆思考。这些内容中有哪些对学生了解如何改变世界有用？这点是与全球性挑战相联系。或者，是否对学生产生真正的影响？例如第 1 章中柯特的故事或将要介绍的第 4 章中洛丽·库珀的故事。洛丽从她的学生希望在雨天保持鞋子干燥和干净的认识开始，将其与全球性充足供水问题关联起来。教师在课程标准中找到这个大概念是至关重要的。它会引导教师设计引入，吸引并激励学生学习，从而形成整个设计挑战单元的框架。

在设置大概念和引入之间的部分，该模板会关注学生和教学环境。教师了解学生的生活经历，了解哪些事情会激发他们的好奇心；使用这些知识来确定与学生提出的问题类似的潜在的核心问题。在第 1 章介绍的柯特案例中，他用学生熟悉的语言提出的核心问题集中在限制学生接受教育的因素上。在第 4 章展示的凯莉·德努案例中，她受到了自身感兴趣的地理寻宝和绘图技术的启发。这些核心问题会引导学生思考引入活动，或者作为吸引学生的提示。引入位于设计挑战任务和全球性问题之间，它帮助学生看到全球和本地环境之间的联系。例如，在第4章中，你会读到玛丽·波利特如何将学生日常使用物品的分类与地球矿产资源的保护、采矿的影响关联起来，以此作为她的引入。这个引入让她的学生思考岩石、矿物和土壤的特性如何被用作满足人们需求的资源。玛丽和她的学生轻松地将这个问题转化为了一个设计挑战。

在开始的时候，教师有必要为单元考虑一些潜在的挑战，因为教师需要提前收集材料和准备通用指南。在模板中，单元背景部分可以帮助教师完成这一任务。单元背景是一种方法，可以帮助教师思考学生为成功学习学科内容需要做的学业准备。如果学生难以掌握某项应对挑战所必需的特定技能，那么在他们必须将其应用于复杂难题之前，教师需要增加一个课堂活动来回顾和练习这项技能。教师还需要考虑单元内容要如何适应原有的学期或学年计划。教师可能有一个很好的想法，有很好的机会来吸引学生，但是推动这个想法的内容在课程中只分配了一天的教学时间，而不是能让学生真正参与设计挑战所需的两周时间。因此，教师必须积极考虑分配给设计挑战单元的时间和时机，以便了解是否需要在其他地方进行调整。

出于类似的原因，在单元背景部分教师需要考虑挑战限制。教师可以把这些视为对自己和学生的现实检查。为了找出限制因素，教师应分析挑战的要求。例如，学生需要材料来完成设计挑战，材料能否合理地获得？如果学生正在建造一个大型项目，在学生工作的时候有空间存放相应的物品吗？如果挑战需要某种技术，所有学生都会使用这种技术吗？教师在教学环境中所面临的限制经常会作为学生设计挑战的限制。幸运的是，有各种变通办法解决这些障碍。如果材料费用昂贵，看看学生是否可以从家里带来物品，或者是否有商店愿意为班级捐款。如果没有足够的存储空间，可以要求挑战成果是能折叠的，以便放入鞋盒中。如果不是每个学生都具备必需的技术，鼓励他们共享。与学生讨论从而公开地界定和规划限制条件，这正是工程师真实工作的样子。

通过设计来学习

单元模板的下一阶段是为了支持教师思考如何让学生参与工程设计过程而开发的（模板 3.2）。

在为学生定义和设置了挑战之后，这一阶段就开始了。它详细说明了单元中哪些部分由学生负责做决策以及推进成果的进展。参与的教师发现这是单元中最令人兴奋的部分，但也是最具挑战性的部分。这一阶段的计划是通过发展学生的元认知、执行功能和自我调节技能来帮助他们学习的。这一阶段的大部分计划要求教师回顾学生是如何学习的，以及如何通过讲义、提示、检查节点和自我评价工具来支持学生学习。第 5 章的教师故事中有丰富的辅助材料和学生讲义，教师分享这些材料来展示自己如何处理设计挑战单元中由活动来驱动的这一阶段。

模板 3.2　整合内容和评价

4. **工程设计过程**

使用下图帮助你完成这一部分。

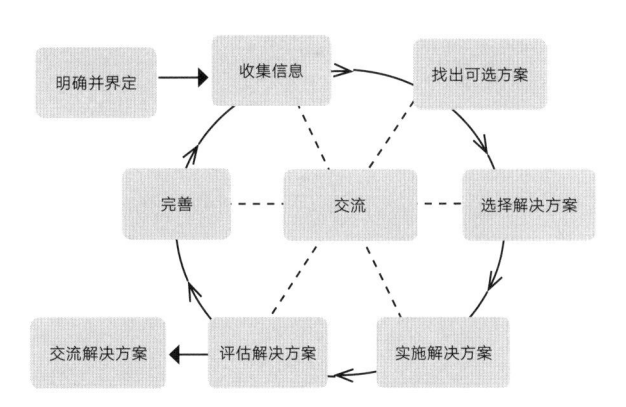

- 学生将如何测试或实施该解决方案？解决方案奏效的证据是什么？描述 EDP 产生的迭代过程是如何应用于挑战的。

_____

_____

- 学生将如何演示或论证解决方案？描述是否将向学生提供任何正式的培训或资源引导，以说明通过各种媒介（如海报、传单、视频、广告）展示作品的最佳实践方法。

  _____

  _____

- 通过这个挑战，你教授了什么课程内容？

  _____

  _____

- 当你在挑战中应用评价时，使用上图，明确 EDP 中应进行评价的地方。请在下方描述哪种评价方式最为合适。

  _____

  _____

5. 评价和 EDP

哪些EDP步骤最适合实施评价（列出适用的步骤）？	在左侧列出每个EDP步骤所使用的评价类型（例如规则、图表、清单、模型、问答等）。然后勾选适当的方框，指出评价是形成性的还是总结性的。
_____	_____ ☐ 形成性　☐ 总结性
_____	_____ ☐ 形成性　☐ 总结性
_____	_____ ☐ 形成性　☐ 总结性
_____	_____ ☐ 形成性　☐ 总结性

查看下面列出的特征，这些特征将通过 EDP 整合到你的挑战中。

☐ 解决方案有明确的限制条件

第3章 定义和使用设计挑战单元

- ☐ 能够产生不止一个可能且可行的解决方案
- ☐ 包含完善或优化解决方案的能力
- ☐ 评价科学或数学内容
- ☐ 包含数学应用
- ☐ 涉及图形的使用
- ☐ 需要进行数据分析
- ☐ 包含学生主导的关于结果的交流

在第1章柯特案例和第2章泰勒案例中，此阶段开始于学生提出的指导性问题，或评价他们所知道的信息以及他们需要知道的信息，从而为应对挑战创设可行的解决方案。在为学生制订指导性问题的计划时，教师考虑帮助学生组织想法或找到解决问题的最佳方式。根据教师所面临的挑战，这看起来会有所不同，就像在下一部分的教师故事中一样。例如，在第5章中，拉沙娜·弗里曼知道自己的学生不熟悉细胞运输的细节，所以她采取了更直接的方法。她给团队介绍了一些与细胞运输相关的疾病，并向他们提出挑战，要求他们设计模型来演示这些疾病是如何破坏细胞运输的。这些支持减少了学生将会提出的多种问题的数量，并让他们集中精力收集所需的信息。

在第5章中，斯蒂芬妮·斯图尔特帮助学生理解EDP的不同特点是如何共同发挥作用为挑战创造一个可行的解决方案的。斯蒂芬妮希望自己的学生对他们所做的决定保持专注且头脑清晰。她的计划聚焦在8年级学生如何成为他们思维过程的可靠记录者。布兰迪·福斯特也非常明确地思考了如何满足学生作为学习者的发展需求。为此，她使用了特定的拆解策略来应对设计挑战，并以团队合约的形式给学生分配了角色。团队合约制度让学生对自己的任务负责，但也提醒他们要为达到挑战成果完成具体的任务。

单元模板是教师的思维工具。此外，该模板也用于日常上课中记录设计挑战的细节。单元模板的最后是教师核对清单，教师须确保学生在进行教学活动时，将工程设计过程的所有方面都纳入其中，从而为挑战找到最佳解决方案。

检查和交互检查

单元模板的这一阶段（模板 3.3）旨在为教师提供一些提示，以评价单元在满足 STEM 和工程学教育目标方面的可靠性。它还可以帮助教师评价这个单元是如何全面地满足跨学科概念、数学和科学实践的要求的。这些单元评价检查可以让项目教师和他们的管理人员放心，课堂上所做的工作是严谨和令人兴奋的。此外，对课程标准和实践活动有一个清晰的计划有助于向家长解释他们的孩子如何在课堂上玩得开心的同时又掌握了学习内容。

模板 3.3　工程学教育的检查和交互检查

6. 真实世界的应用、职业关联和社会影响

这一部分涵盖了真实世界的应用、职业关联和社会影响。

真实世界的应用

将一个"X"放到连续变化的轴上，代表该挑战在真实世界应用情境下的位置。

抽象地、松散地与真实世界相关联 |----------------------------|----------------------------| 紧密地与真实世界相关联

- 请简要说明你将 X 放在这里的原因。

  _____

- 本单元中的哪些活动适用于真实世界的情境？

  _____

职业关联

你将向学生介绍哪些与挑战相关的职业？你将如何介绍它们（例如，职业研究任务、演讲嘉宾、实地考察、与专业人士进行网络电话会议）？

_____

_____

社会影响

将一个"X"放到连续变化的轴上,代表该挑战在社会影响情境下的位置。

体现较少或者没有社会影响 |--------------------|--------------------| 强烈凸显了社会影响

- 请简要说明你将 X 放在这里的原因。

  _____

- 本单元的哪些活动体现了社会影响?

  _____

7. 错误概念

   _____

   _____

8. 单元课时与活动

   为课时 1 和课时 2 提供一个暂定的细分时间线,列出每课时和活动中出现的 CBL 和 EDP。

   _____

   _____

9. 附加资源

   _____

   _____

10. 单元前和单元后的评价工具

_____

_____

_____

  从学生和教师自己的角度回答来自真实世界的、与社会密切相关的问题。学生是认为这个设计挑战单元符合他们的世界观呢？还是认为这个设计挑战单元仅仅是教师想要他们做的事情呢？这对教师来说是一种价值判断，但却是一个值得思考的问题。如果设计挑战是一个真实世界的难题，那么一定有人会研究这类难题。模板的职业部分可以帮助教师考虑如何扩展学生对 STEM 职业的了解，如果社区中有从事这类职业的人，教师可以邀请他们到班级中，请他们作为演讲嘉宾或挑战最终产品的评委。步骤 7 可能会要求教师对所教的主题进行一些研究，或者教师可以根据自己的教学经验来了解学生的错误概念。我们把错误概念检查看作是教师的又一次机会，教师可以思考学生的知识基础和学习需求，并表明如何计划直面这些问题。

  步骤 8、9 和 10 可以为单元组织架构提供支持。当教师在设计单元时，教师可以添加笔记说明如何为课时文件贴标签、想要使用的网站以及已有或需要开发的评价材料。

  模板 3.4 是对教师如何实现学生必须学习的课程标准做的最后检查。你很有可能现在已经制定了完整的设计挑战单元，你会发现遇到的《州共同核心数学课程标准》或 NGSS 实践和概念比开始时要多得多。

  当然，科学和数学教师不是在真空里教学。科学教师经常在课堂中加入数学概念，而数学教师则经常教授科学实践和跨学科概念。这就是让设计挑战单元成为实现 STEM 学习的强大手段的原因。在第二部分中，教师分享了他们与学生开发和实现设计挑战单元的故事，投入实际使用的单元模板将被呈现出来。

> 模板 3.4　实践的检查和交互检查

11. 单元课程标准

如果你是一名科学教师，请在下方勾选适用的课程内容。

NGSS	
科学和工程学实践	跨学科概念
☐ 提出（科学）问题和明确（工程学）难题	☐ 模式
☐ 构建并使用模型	☐ 因果关系
☐ 设计并实施探究	☐ 尺度、比例和数量
☐ 分析并解释数据	☐ 系统和系统模型
☐ 使用数学和计算思维	☐ 能量和物质：流动、循环和守恒
☐ 构建（科学）解释并设计（工程学）解决方案	☐ 结构和功能
☐ 参与基于证据的论证	☐ 稳定和变化
☐ 获取、评价和交流信息	

如果你是一名数学教师，请在下方勾选适用的内容。

《州共同核心数学课程标准》	
数学实践标准	
☐ 理解问题并持之以恒地解决问题	☐ 策略性地使用适当的工具
☐ 进行抽象的、量化的推理	☐ 关注精确性
☐ 构建可行的论证并评判他人的推理	☐ 寻找并理解结构
☐ 使用数学进行建模	☐ 在反复的推理中寻找并表达规律

总结和要点

本章描述了设计挑战单元的组成部分，并回顾了教师可用来开发单元的模板。以下是对关键要素的总结：

1. 大概念
 ——设计挑战单元所属的上位概念
 ——可通过多种方式进行探索
 ——具有吸引力，对学生和社会都具有重大意义
 ——与真实世界的事件相关

2. 引入
 ——一种鼓励学生了解设计挑战单元的方法（例如视频、演讲和/或活动）

3. 核心问题
 ——通常只选择一个核心问题来定义挑战
 ——源于大概念
 ——驱动挑战
 ——为设计挑战单元的后续工作创建了更广泛的情境并奠定了基础
 ——利用学生的意见来确定合适的挑战

参考文献

Wiggins, G., and J. McTighe. 1998. *Understanding by design*. Upper Saddle River, NJ: Merrill Prentice Hall.

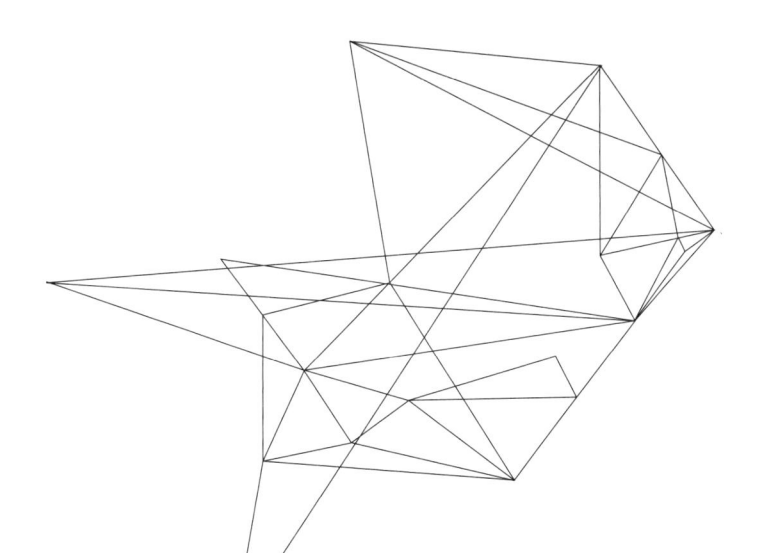

第二部分

中学课堂里的工程学

第二部分介绍了 CEEMS 项目教师所准备的示例单元合集。这些教师开发的设计挑战单元分别对应不同的年级（包括 6 个 AP 课程），并包含了很多科学和数学知识。这些章节所分享的教师工作重点介绍了设计挑战单元的 4 个不同特征。之所以选择这 4 个特征，是因为教师发现，把它们整合到当前的教学实践中是最具挑战性的，而它们对于一个单元的成功与否至关重要。

第 4 章分享了 4 位教师是如何将学生从全球性挑战引导到可行的设计任务上的。这些教师——玛丽·波利特、凯莉·德努、凯瑟琳·布兰肯希普和洛丽·库珀——讨论了她们是如何利用对学生、对当地社区和对全球性问题的了解，将课堂引入到设计挑战中的。学生设计挑战的准备阶段与使用基于挑战的学习方法吸引学生和使用 EDP 开发解决方案的目标相吻合。这些故事概述了教师是如何按照自己的标准设计活动并吸引学生参与其中的。在故事中，教师分享了她们对 CEEMS 项目单元模板中支撑点的看法，这些支撑点包括课程标准、大概念（全球相关性）、核心问题、单元背景和指导性问题。她们还讨论了使用的讲义和学生材料，以及学生作品的例子。

在第 5 章中，教师故事扩展到如何为学生开发 EDP 活动，以及如何在设计挑战活动中支持和监督学生。本章的教师——斯蒂芬妮·斯图尔特、拉沙娜·弗里曼和布兰迪·福斯特——将会集中讨论 CEEMS 项目开发的 EDP 模型（图 1.3）。教师通过分享选择设计挑战内容时的动机来介绍她们的故事。然后，她们会讨论该如何灵活使用 EDP 模型来满足学生的需求。斯蒂芬妮的设计挑战单元既能使地球科学课程标准更加吸引 8 年级学生，又能整合相关技术并促进学生使用技术。拉沙娜采用的是细胞运输的概念，她想把这个通常被生物学专业学生认为充满术语、需要死记硬背的概念变得更有吸引力和实用性。最后，布兰迪的物理科学专业学生需要一种与以往不同的方法来研究物质的性质和状态。教师还分享了如何引导学生通过 EDP 记录自己的进步。

第 6 章承担了棘手的评价任务，并介绍了将形成性和总结性评价整合到学习当中。3 位教师——埃米·詹姆森、玛丽·波利特和凯文·塔克——着重介绍了设计挑战单元中的特定节点，他们认为在这些节点上评估学生对与各单元相关的科学和数学知识的构建和理解情况非常重要。如第一部分所述，如果学生在课堂上会使用到预期的知识、实践和思维习惯，那么设计挑战单元必须让学生成功地掌握这些内容。最后，教师还提及要借助评价来支持教学。

第 7 章中的两位教师——布兰迪·福斯特和莱斯莉·莱尔斯——将所有东西融合在一起，并分享了她们如何帮助学生发展思维和问题解决技能（即 21 世纪技能）。她们在故事中讨论了如何引导学生在解决复杂的设计挑战时，专注于元认知、执行功能和自我调节。与其他教师一样，她们也设计了材料和文档，以使学生理解她们所开发的 21 世纪学习内容。

第4章 准备阶段：创设引入，确保学生全心参与

  CEEMS 项目的教师发现，准备阶段是成功开始单元学习的关键。整个单元学习的开展需要教师在收集学生想法后进行仔细的预先计划和熟练的指导。本章列出 4 位教师的案例，洛丽·库珀、凯莉·德努、玛丽·波利特和凯瑟琳·布兰肯希普分享了她们自己在设计挑战单元初始阶段的想法、准备工作和实施后的反思。虽然她们在不同的学区教授不同的学科，但每个人都是想办法让学生接受设计挑战的典范。在本章中，我们将她们的故事整合在一起，从而将创建设计挑战单元的过程与课堂实践联系起来。她们用自己的语言解释了如何构建大概念和引入，以及之后如何引导学生提出一个指向学生设计任务的核心问题。本章重点介绍设计挑战模板的第一阶段（模板 4.1）。

跨学科课程如何设计：大单元、大概念和工程设计挑战

> **模板 4.1** 单元模板：准备阶段——从大概念到引入

第 1 部分：设计单元

1. **单元课程标准**
   确定 NGSS 和 / 或 CCSS 中包含的标准，带着字母和 / 或数字标识符从 NGSS、CCSS 中复制并粘贴下来。

   _____

   _____

2. **单元概要**
   大概念（包含全球相关性）

   _____

   _____

   （预期的）核心问题
   列出至少 3 个学生可能提出的问题，用黄色突出显示界定挑战的那个问题。

   _____

   _____

3. **单元背景**
   选择该学科内容的原因
   检查所有适用的情况。
   - ☐ 学生以前在标准化考试、期末考试或者学校或学区举行的任何考试中，该学科内容的得分很低。
   - ☐ 学生普遍存在对该学科内容的错误概念。
   - ☐ 该学科内容非常适合使用 CBL 和 EDP 教学方法进行教学。

☐ 所选学科内容符合学年教学计划的进度安排。
☐ 其他原因（可以是多个）：

_____

_____

引入

用几句话描述你将如何用引人注目的"引入"来介绍大概念，并把学生吸引到这个主题上来。

_____

_____

洛丽的故事

在第一个故事中，洛丽（Cooper, 2015）描述了她是如何利用城市中学理科生梦寐以求的物品来选择一个引入的。在"流域——地形和径流率"主题单元中，她解释了影响引入设计的决策，以及她如何利用这一点来引导学生提出挑战的核心问题。

鞋子带来的灵感

我决定选择学生通常认为最无聊的一个 7 年级主题，并尝试让这个主题能吸引我自己和学生。这个可怕的单元就是"流域和地形"。几年来我一直在思考，连我自己都不喜欢教授这个主题，对于如等高线、孔隙度、渗透率和坡度这些枯燥的内容，我应该如何激发学生的学习兴趣呢？

之后我突然想到了。我清楚地记得在我教学第 3 年时遇到的双胞胎兄弟，他们每天都带着两双鞋去学校。他们会穿着一双鞋进入大楼，走到他们的储物柜后，又会换上另一双鞋。放学后，他们会将鞋子换回来。这让我感到困惑。当我问他们为什么要花时间和精力换鞋时，他们反而对我的不理解感到疑惑。然后他们向我做出了解释：他们不想让新鞋变脏。我终于明白了，也才理解鞋子是一种身份地位的象征。

即使教了 12 年书之后，我发现学生最关心的仍然是鞋子的品牌和干净程度，他们都痴迷于鞋子。实际上，学生经常会在学校电脑上查找鞋子图片时遇到困难。于是我决定利用学生痴迷鞋子这一特点来辅助自己的教学。什么东西最能弄脏鞋子？当然是水坑。鞋子和水坑，将会成为我吸引学生投入学习的敲门砖。

为了引入"流域和地形"这一单元，我对学生说我真的很想要一双新鞋。我解释道我的丈夫认为我已经有很多双鞋子，所以他觉得我不需要再买一双了。毕竟，鞋子也只会在雨雪天弄脏。

我给学生展示了我想要的那一双鞋，并让他们搜索自己想要的鞋子的图片。鞋子可以是任意价格、款式或品牌的。你都不会相信学生竟然挑选出了某些鞋子，价格在几百美元到几千美元之间。学生都非常兴奋地在查找图片，并将图片展示给身边的同学。每个学生都在做这项任务。这节课最难的部分就是让他们停下来。我和学生分享了鞋子的图片，然后计划我们要如何说服他们的父母或我的丈夫，表示我们想要的鞋是值得购买的。

接下来，我把话题转移到了水坑太多会给鞋子带来麻烦上。我对学生解释道：虽然他们经常能看到周围有水坑，但我们实际上却正在经历着一场水资源危机。我给学生播放了一段来自自然保护协会的视频《你能每天只依靠一浴缸的水生存下来吗？》（The Nature Conservancy, 2011）。看完视频后，学生计算了他们每天和每周的用水量（模板 4.2）。显然，他们的用水量已经超过了大约 30 年后的人均可用水量。

模板 4.2　引入挑战的讲义：浴缸币

引入 #1 说明
到 2050 年，每人每天只能依靠不到 2/3 浴缸的水生活。目前美国人每天的平均用水量为 3—4 个浴缸装满水的量（约 100 加仑，1 加仑≈ 3.79 升）。

引入 #1 挑战
- 你每天可以得到 35 个浴缸币。
- 每 1 个浴缸币相当于 1 加仑水。
- 你必须制订一个支出计划，规划如何使用浴缸币才能满足日常用水的需求。

　　a. 你不能只是简单地不去做刷牙、洗碗、洗澡等事情。

　　b. 为了保证你能每天做所有需要做的事情，你必须想办法管理你的浴缸币。

日常必需活动

刷牙 (2次)	沐浴 (1次)	饮水 (64盎司， 1盎司≈0.03升)	洗碗	冲马桶	洗衣服 (1桶)	洗手 (3次)

　　为了让学生明白水的定量配给，我告诉他们可以使用一种叫做"浴缸币"的新型货币来购买想要的水，每加仑水要花费 1 个浴缸币。他们每天只有 35 个浴缸币可以支配。为了计算不同用水活动对应的"价格"，全班分析了各项活动使用水的加仑数。然后，学生必须用分配到的浴缸币选择他们需要进行的日常活动。对学生而言，这是一个艰难的决定。例如，我们规定了洗澡需要花费 20 个浴缸币，但是我这些 7 年级的学生都不想克扣在洗澡上的浴缸币。他们都坚持说自己每天至少要洗两次澡。（哈！我教的这些 7 年级小鬼们，我再清楚不过了！）

跨学科课程如何设计：大单元、大概念和工程设计挑战

> 这项活动结束后，我们开始探究以下问题：如果水资源有限，那么怎么会有足够的多余的水来形成水坑？有没有什么方法可以把水坑中的水收集起来，用来代替浴缸币？
>
> 围绕"水资源危机下仍有许多水坑存在"这个大概念，我和学生开始在讨论板上列出以下潜在的核心问题：
>
> - 导致水坑形成的因素是什么？
> - 有什么办法可以让我们摆脱这些会弄脏鞋子的水坑？
> - 如何减少人行道上的水坑？
> - 如何防止从地面流走的水形成水坑？
> - 上坡处或下坡处如何影响水坑的形成？
> - 地面的不同如何影响水坑的大小和数量？
> - 径流是什么？
> - 如何收集和利用雨水？
> - 水落到地面后会流向哪里？
>
> 我没有告诉学生我们真正要学习的内容是流域和地形，但他们已经被吸引住了！

让学生对学习地形和流域产生兴趣后，洛丽开展了一些微课来丰富内容背景，并介绍了设计挑战。她意识到学生提出的一些核心问题实际上是指导性问题，为了解决设计挑战，他们须先回答这些问题。接下来，洛丽解释了她是如何解决这个问题并促使学生选择设计挑战的。

> **人行道解决方案**
>
> 在探究了减少水径流的不同措施和收集雨水代替浴缸币的方法后，学生还面临着一个考验，他们需要找到一个既能解决水坑问题又能解决水资源短缺的方案。

这项挑战叫做"水坑阻碍物——拯救鞋子",要求学生创造出多孔、渗透性高的"神奇"人行道模型。当水被倒在这条神奇的人行道上时,不会产生任何水坑。

学生获得了购买建造人行道所需材料的预算。他们可以从我这里"购买"包括水泥、砾石和沙子在内的各种材料。学生通过 EDP 来确定应该使用哪些材料及其用量。学生创造了多种多样的人行道模型(图 4.1 和图 4.2),可用于测试。之后他们制作了幻灯片演示文稿,用来与同学交流结果。演示文稿的内容包括材料、比例、模型图片和每次设计修改后的成功之处与失败之处。

图 4.1 测试不同材料的孔隙度

图 4.2 测试神奇的人行道原型

跨学科课程如何设计：大单元、大概念和工程设计挑战

凯莉的故事

凯莉·德努（DeNu, 2014a, 2014b, 2014c）是农村学区的一名中学数学教师。她的学生与洛丽故事中城市学区的学生拥有不同的背景。凯莉选择了不同的方式为学生创设引入。她用了一个让自己既兴奋又熟悉的想法，而且自己又能从中找到一种提高学生参与度的方式来教几何变换。在这里，凯莉描述了她的"地理寻宝和变换"单元，解释了她如何让学生参与提出可以引出室外设计挑战的核心问题。

高科技挑战

我是一个尝试适应 21 世纪学习方式的技术爱好者，想用一种方法让学生能够在我的课堂中使用他们自己的设备作为学习工具。我设计了名为"地理寻宝和变换"的单元。我的目标是用前沿的、令人兴奋的方式教授几何变换（可能有些枯燥）这一概念！

我采用了地理寻宝这个想法。这是一个娱乐活动，须借助全球定位系统（GPS）坐标寻找和发现隐藏的物体。我把这个活动与几何坐标系联系了起来，毕竟，笛卡尔坐标网格就是最初的位置定位器。在 8 年级课程中，学生应该理解如何在坐标网格中通过平移、旋转或映射来证明几何图形的全等性和相似性，他们也必须知道发生变换后如何找到新坐标点的位置。在我教会学生如何进行地理寻宝以及如何使用 GPS 设备找到他们确切位置的经纬度后，我让他们设计自己的地理寻宝路线，并通过变换解码校园周围的位置。

GPS 是一种通过卫星接收数据的卫星导航系统，个人和企业可以在本地和全球范围内使用，可用于追踪车辆、设备、手机、人和动物等。人们使用 GPS 来改善生活的各个方面，包括安全、导航、商业、农业、基础设施和娱乐等，这使得 GPS 持续不断地深入影响着社会。每天都有与 GPS 有关的新应用被发明出来，并在世界各地产生巨大影响。GPS 是一个利用几何学原理、

使用卫星间三边测量的系统。这一单元非常适合通过坐标网格和几何变换帮助学生构建对位置的理解。关键一步在于教师需要以一种吸引学生的方式进行教授，这是由于学生主体性极其重要，因此我选择创设一个设计挑战单元来开展这些课程内容。

我按照以下顺序实施了我的设计挑战单元。从大概念开始，过渡到引入，之后进行社会影响的讨论，提出一个核心问题，创建/展示挑战，然后讨论/创设这一单元的指导性问题。

在学习这一单元的第1天，我开始了引入活动。"追踪、定位和调查地点"是学生非常熟悉的概念。因为学生通常都想分享他们的手机有什么功能，所以我预留出了时间让大家讲故事。为了给后续的引入活动做准备，我给他们上了一堂关于GPS和三边测量的微课。

引入活动激发了学生对这一单元的兴趣和动机。更巧的是，学校隔壁的公园里有注册登记过的地理寻宝箱。在引入活动中，学生使用他们带有GPS功能的手机来寻找公园和树林周围的隐藏位置。我们探究了GPS是如何精确定位藏有地理寻宝箱位置的经纬度的。学生在这次经历中学习到地理寻宝只是一个大的识别特定位置的坐标网格。我制作了一个视频，演示了如何使用手机进行虚拟地理寻宝，供学生在活动时参考。

这项活动让学生对后续要做的事情非常感兴趣，有助于之后几天的课堂讨论。模板4.3展示了提供给学生的活动记录工作单。

| 模板 4.3 | 地理寻宝记录工作单 |

姓名：_____   日期：_____   课时：_____

用坐标网格开展地理寻宝

今天你和组员们会做一个小小的地理寻宝游戏！你会拿到一幅学校地图，用这幅地图解开4个隐藏的神秘寻宝地秘密。

- 你会得到第1条线索。

- 为了获取下一条线索的坐标，你必须进行必要的变换，而线索可能分布在学校的任何地方！
- 如果你做得不够精确，线索就不会出现在你所认为的地方。
- 团队中每次只能由一个人去寻找宝藏，因此团队成员轮流前去寻找。
- 每次变换后请记录下每个坐标。

给定的线索： 从三角形 ABC 开始，沿 X 轴进行映射。之后向下平移一个单位，记录坐标。这个三角形就是 A'B'C'，C' 所在的位置就是下一条线索的位置！

变换	初始坐标	新坐标
起始三角形 ABC		
路径点#1 A'B'C'		新坐标_____ 房间号_____
路径点#2 a. A"B"C" b. A"B"C" c. A'''B'''C'''	A. B. C.	A. B. C. D. 房间号_____
路径点#3 a. (1, −5) b. W'	A. (1, −5) B.	A. B. C. 房间号_____
路径点#4 a. DEF b. E'	A.	A. B. 房间号_____

当你找到所有线索后，来领取你的奖品。

停！教师检查

单元学习的第 2 天是设计挑战过程中最重要的阶段，要通过班级讨论和头脑风暴确定学生的设计挑战。我把学生分为 6 个团队，每队 4 至 5 人，并将大概念写在黑板上。学生有 10 分钟的时间来讨论现代社会中有哪些与大概念及追踪和定位概念相关的挑战。他们还讨论了这些挑战会如何影响他们的学校、城市、州、国家和世界。集思广益后，他们一起列出了最大的问题。模板 4.4 展示了一份用于指导并记录头脑风暴的学生团队记录单。

模板 4.4 　地理寻宝以及头脑风暴其对社会影响

名称：_____

团队成员：_____

_____

_____

我们的挑战

1. 大概念是：

2. 基于大概念，对一些你感兴趣的核心问题进行头脑风暴。至少列出 5 个可以解释大概念的核心问题：

a.

b.

c.

d.

e.

3. 为我们班的挑战确定一个核心问题，并记录在下方。

4. 指出目前社会上出现的与大概念相关的一些挑战。

a.

b.

c.

d.

5. 班级挑战是：

6. 头脑风暴，想出一些指导性问题，即为了解决挑战，你必须回答的问题。

a.

b.

c.

d.

e.

  头脑风暴的效果很好，看到学生围绕他们感兴趣的问题展开相关的讨论，这令我很惊喜！我让团队成员们一起集思广益，列出许多他们可以探究的与大概念相关的问题。这些问题成为了核心问题。10 分钟结束后，各团队要在课堂讨论中分享各自最首要的核心问题。所有问题都被记录在一个共享文档中，每个学生都能查看。最终，全班就同一个核心问题达成了一致意见。

  这一天的学习就在形成问题列表并确定核心问题后结束了。这个任务完成后，我回家仔细浏览了所有学生的观点，并把它们整合形成一个大的挑战想法。为选中的核心问题制定设计挑战需要花费时间。但我明白这一步不能跳过或匆忙结束，因为这将是工程设计过程下一阶段的驱动力。下课前，我告诉学生我会根据大家提出的问题为他们准备第 2 天的挑战。第 2 天，学生听到设计挑战非常兴奋。因为是他们自己创造了这个项目创意，所以他们会有很强的主体性！

玛丽的故事

玛丽·波利特（Pollitt, 2013）也任教于一所农村学校，她是一位科学教师，教 6 年级和 8 年级。在这里，她分享了如何为 6 年级的理科生创设有效的引入并提出一个相关的核心问题。她的故事侧重于分享她为设计挑战单元选择岩石、矿物和土壤相关内容的方法。她分享了如何使用分类技巧来创设引入，以及如何让学生提出与岩石、矿物和土壤相关的核心问题。

岩石、矿物和土壤

在硕士期间，我参与了 CEEMS 项目。在完成项目之前，我设计有效单元的能力有所欠缺；我还缺乏信心和创造力，我觉得我像在设计一些不实际的千篇一律的课程。尤其是当我对教学内容不感兴趣时，我担心学生也会觉得这些课程不是我自己设计的。我们只是在一节又一节课中走过场，而我却希望学生能够记住足够多的知识，几乎不要听到像"我们为什么要学这些东西？"或"我这辈子都不会用到这个。"之类的评语。当我看到评价结果时，我深受打击。我不明白我们花费了这么多时间学习一个主题，学生怎么能还不理解这些概念。我觉得这简直就是在浪费时间。而 CEEMS 给我提供了解决方案。他们给我介绍了 CBL。

学生对记住有关岩石、矿物和土壤的知识感到很吃力。在俄亥俄州，6 年级学生须"重点学习组成岩石圈的岩石、矿物和土壤"并且要"分类并识别不同的土壤，以分析其过去形成时的环境"（ODE, 2018: p. 125）。具体来说，他们须理解（a）"矿物有具体的、可量化的特性"，（b）"岩浆岩、变质岩和沉积岩具有独特的、可识别和/或分类的特性"，（c）"土壤是松散的，含有营养物质和风化岩石"，（d）"岩石、矿物和土壤实际用途很普遍"（ODE, 2018: p.125）。对我而言，将这些知识要求与工程学实践结合起来是一个挑战。这成为了我所设计的名为"环保产品"挑战单元的关注重点。

为了吸引学生参与设计挑战，我让全班学生开展了一个引入活动。每个团队都有一个装满日常物品的托盘,这些物品由岩石、矿物和土壤制成,如指甲油、颜料、银器、硬币、钉子和剪刀。我让他们做一个排序和分类。学生可以自由设立一个分类系统。而我要尽可能少地与他们互动,我不想在任何方向上引导他们或让他们产生任何与挑战相关的想法。通常我会要求他们描述分类过程。最后,每个团队向全班学生分享他们对物品的分类结果以及分类原因。最终形成了多种分类结果。图4.3是学生分类的一个示例。

图 4.3 学生分类示例

紧接着这个引入,我提出了下面这个包含全球相关性的大概念:"我们每天都在使用由岩石、矿物和土壤制成的产品。如果某样物品不是来自动植物,那么就必须对其进行开采。开采出来的材料用于建筑、能源、运输、农业、家庭生活和科技。只有了解岩石、矿物和土壤的特性,工程师才能给指定工程任务找到理想的材料。了解这些特性可以让工程师在设计过程中提高效率和成本效益。据估计,每个美国人一生中会使用超过一百万磅(1磅≈0.45千克)的岩石、矿物和金属。俄亥俄州在生产这些资源方面发挥着重要作用,有着很大的经济贡献。"

在提出这个大概念后,学生进行了头脑风暴会议,其中包括团队思维分享活动。起初,学生对写下自己的想法感到犹豫。他们害怕自己提出的想法是错误的。我提醒他们,头脑风暴过程中,想法没有对错之分。之后,他们在团队中轮流分享关于采矿这个大概念的想法。我要求他们尽量避免批评或肯定他人的想法,因为这项练习的目的就是要尽可能开放并听到学生的错误概念。我们编辑了一份包含班级所有学生想法的列表。通过整合所有学生的想法，每个学生都认为自己是这个过程中的参与者，他们的想法与其他人的想法同样重要。学生的部分想法包括：

- 岩石和矿物能制造很多物品。
- 各种物品的制造都需要工程师。
- 我家旁边的小溪里有很多石头。
- 粉笔是由岩石制成的。
- 我妈妈有一枚祖母绿戒指。
- 道路是由岩石铺成的。
- 我听说我的手机里有岩石或矿物。

模板 4.5 是我在这个过程中用来支持学生学习的讲义。

模板 4.5 关于大概念和核心问题的头脑风暴

设计挑战

大概念

我们每天都在使用由岩石、矿物和土壤制成的产品。如果某样物品不是来自动植物，那么就必须对其进行开采。开采出来的材料用于建筑、能源、运输、农业、家庭生活和科技。只有了解岩石、矿物和土壤的特性，工程师才能给指定工程任务找到理想的材料。了解这些特性可以让工程师在设计过程中提高效率和成本效益。据估计，每个美国人一生中会使用超过一百万磅的岩石、矿物和金属。俄亥俄州在生产这些资源方面发挥着重要作用，有着很大的经济贡献。

关于大概念的头脑风暴

1. 列出至少 5 个你知道的或你认为自己知道的与大概念相关的事物。

a.

b.

c.

d.

e.

2. 在班级中，轮流分享你所知道的与大概念相关的事物。教师会记录你的想法并将所有观点展示在屏幕上。

关于核心问题的头脑风暴

3. 根据大概念的信息，进行头脑风暴，提出一些你感兴趣并能为你阐明大概念的核心问题。

a.

b.

c.

d.

e.

学生了解了这个大概念后，对他们知道的采矿知识展开了讨论。我想让他们头脑风暴得出一些核心问题，但我知道学生并不清楚核心问题这个说法。因此我先带学生回顾了核心问题的特征（From Now On, 1997）：

 1. 没有绝对的答案

 2. 可能需要预测

 3. 不限于事实答案

 4. 不包含错误假设

 5. 可能需要阐明一些定义

 6. 不能用是或不是来回答

 7. 可能需要专家的回应

 8. 可能需要对观点进行展示和探究

团队中的每个学生要独立列出至少 5 个能阐明大概念的核心问题，之后学生在团队中分享了他们的核心问题。作为一个团队，他们至少需要提出一个核心问题。为了保证每个学生都能分享自己的想法，我给每个团队成员都

第 4 章　准备阶段：创设引入，确保学生全心参与

发了一支彩色记号笔。最后，各团队与全班分享了他们的核心问题，所有的问题都会被记录和展示。

我希望能用一个公平有效的系统来确定一个共同的核心问题。我从两方面着手：评估和分组。首先，我们评估问题、检查标准，并将不好的问题放在一边。为了避免让学生认为自己提出的问题不好这一情况，我告诉他们，在进入指导性问题阶段之前，我们暂时不会完全删除一些问题。我们会使用删除线工具而不是直接删除了问题，这让我们可以在之后继续考虑这些问题。在考虑过于宽泛、聚焦或具体的问题时，我们也采用了同样的操作流程。

在缩小了核心问题的范围后，我们开始对其进行分组。在这一过程中，我们用相同颜色突出显示了共有的词语或主题。之后，各团队要用共有词语来提出一个问题。因为这些最终提出的问题都非常相似，所以大大减少了我们的问题数量。利用这些新问题，我们确定了一个共同的核心问题。

以下是一些初步的核心问题：
- 在农业中如何利用土壤种植最好的作物？
- 在能源中如何利用岩石、矿物和土壤？
- 在科技中如何利用矿物？
- 在日常生活中如何利用矿物和岩石？
- 在建筑中如何利用岩石、矿物和土壤？

我教的 4 个班级都实施了这个过程。在这个过程中，我一直很紧张。我担心每个班级都会提出一些完全不同的核心问题。但令我惊讶的是，学生提出的问题都十分相似。我展示了每个班级的核心问题以及整合 4 个班级的问题后提出的一个共同问题。我确保了这个共同问题涵盖了每个班级提出的问题。最终确定的共同核心问题就是："如何利用岩石、矿物和土壤资源的特性来满足我们的需求？"

有一个班级制作了展示共同核心问题的公告栏，让学生可以经常参考这个问题。在确定共同核心问题后，我给学生提供了一些设计挑战的选择。最终，学生想要设计一种新的环保颜料。

选定设计挑战后，玛丽让学生设计一个概念图来展示他们对颜料和矿物的了解。之后，玛丽让学生利用概念图提出他们的指导性问题，从而推动工程设计过程。

从概念图到指导性问题和超越指导性问题

随着 CBL 的开展，学生制作了解决设计挑战所产生的问题或信息的概念图。概念图包含工程设计部分和学生为了完成挑战需要学习的科学概念部分。表 4.1 是部分学生指导性问题列表。

表 4.1 学生指导性问题

知识指导性问题	EDP指导性问题
• 岩石、矿物和土壤有哪些用途？	• 需要用哪些材料？
• 你如何将它们转换成产品？	• 我们有多长时间？
• 它们的特性是什么？	• 我们可以花多少钱？
• 你如何用它们制作颜料？	• 我们能制作多少颜料？
• 你如何用它们得到颜色？	• 我们要制作出什么颜色？
• 你如何知道它们之间的差别？	• 你如何制作颜料？
• 它们的名称是从哪里得来的？	• 你如何让颜料有黏性？
	• 什么是环保？
	• 有不同类型的颜料吗？
	• 你如何让颜料看起来更亮或更暗？

在学生制作出概念图后，我告诉他们我会按照他们提出的指导性问题来设计课程。我惊奇地发现，学生非常感激我为设计学生自创课程而付出的努力。我对那一周的课程进行了规划，包括岩石、矿物和土壤特性的模块。设置这些模块的目的是让学生观察岩石和矿物的颜色和光泽、计算密度，并进行条痕测试和其他用来确定硬度的测试。

学生完成课程的学习后，便开始进行工程设计挑战。在整个挑战过程中，我听到学生会讨论岩石、矿物和土壤的特性。他们能够实际应用在之前那些模块中学到的知识来完成挑战。图 4.4 展示了正在解决挑战的学生。

图 4.4 学生正在为颜料颜色测试矿物

凯瑟琳的故事

之前介绍的都是初中教师的故事。现在我们要介绍的凯瑟琳·布兰肯希普（Blankenship, 2013）是一所郊区高中的化学教师，从这所高中毕业的大部分学生都会升入大学。凯瑟琳在荣誉课程和 AP 化学课程中实施了她的设计挑战单元。她的学生比之前介绍的中学生学业成就更高。然而，凯瑟琳希望她的学生学会为自己的学习做决策。接下来，她分享了她使用设计挑战来实现严格的课程标准的原因，并让学生为他们未来的大学生涯做好准备。凯瑟琳重视如何使用设计挑战单元来帮助学生掌握提出优质核心问题和指导性问题的方法，以及针对这些问题开展测试的关键技能。凯瑟琳解释了她如何利用引入与学生一起学习提问技巧。

研究化学废弃物

我设计的单元为"化学废弃物辨认"。这个单元的目标是让学生设计并使用一个收集和解释数据的流程，用来推断未知固体样品中的化学键和粒子间相互作用的类型（原子键、金属键、极性共价键、非极性共价键、网状共价键和离子键）。本单元的知识非常复杂，学生难以理解，尤其是要考虑固体类型及用实验确定鉴别特征。学生必须理解固体的不同类型，解释固体性质间的差异,并描述如何在实验室中进行安全实验以辨认这些性质。表 4.2 介绍了与该单元有关的 NGSS 和 AP 化学修订标准。

表 4.2 与"化学废弃物辨认"单元相关的课程标准

NGSS	HS-PS1-3
	独自和合作制订计划与实施探究,生成作为证据基础的数据,以及在设计中:确定可靠测量所需的数据类型、数量和准确性,并考虑影响数据精度的限制条件(如试验次数、成本、风险、时间),再进行相应的设计改进。
AP化学修订标准	2.D.1:离子固体熔点高、易碎,并且只有在熔融或溶解状态时才导电。
	2.D.2:金属固体是热和电的良导体、熔点范围广,并且有光泽、易成型、有延展性,且易于形成合金。
	2.D.3:共价网状固体通常具有极高的熔点、坚硬,并且是热绝缘体,部分导电。
	2.D.4:低分子量的分子固体的熔点通常较低,并且在溶解或熔融状态时不导电。

CBL 为学生提供了选择学习课程的框架,也为学生提供了基于知识提出核心问题和指导性问题的方法。凯文·珀克斯(Kevin Perks, 2010)认为当学生可以自己做出选择时,他们会对学习内容更感兴趣、更投入。他们能感受到控制感、使命感和管辖权。我想让我的学生也有这样的感受。我选择 CBL 还因为它符合州评价体系对高水平认知活动和学生选择的重视。

提问是设计挑战单元非常重要的一部分。提出研究问题来收集信息是高等教育中的一项关键技能,而我的大部分学生都计划在高中毕业后继续接受高等教育。在设计挑战单元的准备阶段中,我与学生分享了写出核心问题和指导性问题的重要性。

在规划设计挑战时,为了便于组织课堂并帮助学生做好单元学习的准备,有一些事情需要提前完成。我把学生的学习目标贴在黑板上,并与他们一起审读。学习目标如下所示:

- 我可以独自地或与队友一起制定核心问题和指导性问题。
- 我可以用自己的话总结设计挑战以及指导性问题。

我的设计挑战单元从一个让学生感兴趣和兴奋的引入开始。在"化学废弃物辨别"单元中,我首先播放了电视节目《CSI:犯罪现场调查》的预告片,快速吸引了学生的注意力,并向他们介绍了一些背景信息。这一单元的大概念是"未知化学品"。我之所以选择这个大概念是因为它与当地和全球环境都相关。人们不正确地标记化学品,可能会在废弃建筑里、储藏室内、水槽下、邮件里或犯罪现场中造成危害。

在完成引入和介绍大概念后,我鼓励学生进行头脑风暴并记录一些与大概念相关的核心问题。为了确保学生按计划进行,我鼓励他们牢记现在在上化学课。学生先独自想几分钟,然后再进行团队合作。我给每个学生发了一份挑战讲义的复印件(模板4.6),给每个团队发了一个白板、一支记号笔和一个白板擦。学生需要将他们的工作记录到讲义上,这会让每个学生都对自己参与的事项负责。

模板4.6　挑战讲义

挑战

1. 挑战对应的大概念是:

2. 基于大概念,对你感兴趣的核心问题进行头脑风暴。提出至少5个能为你阐明大概念的核心问题:

a.

b.

c.

d.

e.

3. 记录班级为挑战而选择的核心问题。

4. 指出当今社会面临的与核心问题和大概念相关的挑战。

5. 班级挑战是：

6. 列出一些为了完成挑战须回答的指导性问题。

a.

b.

c.

7. 列出一些通过课堂讨论补充的指导性问题。

我确保每个学生都能在单独思考时间里写下至少 1 个或 2 个核心问题。之后我让学生在团队内分享他们的想法，并确保团队也能听取每个成员的想法。团队聆听所有成员的想法这一点是很重要的。学生记录自己和他人的想法。我在教室里来回走动，当有团队没跟上进度时，我会聆听并给出反馈。当我从一个团队听到一个好的想法时，我一定会说"哇，真是一个极好的主意！"来鼓励他们。当所有人都分享了想法后，每个团队在白板上写下他们最喜欢的两个核心问题，并与全班分享。然后，我帮助学生确定该单元的一个共同的或最重要的核心问题。以下是学生在"化学废弃物辨别"单元提出的核心问题：

- 如何检测并辨认未知化学品？
- 在什么情况下，能够辨认未知化学品是十分重要的？
- 未知化学品有哪些危险？

我认为每个班可以有相同的核心问题。但基于引入和大概念，以及学生的需求，每个班也可以有不同的核心问题。

在核心问题确定后，我让学生围绕与大概念相关的社会影响进行头脑风暴，并记录在模板 4.6 所示的讲义上。我鼓励学生从讨论全球范围内的社会影响开始，然后讨论美国国内的社会影响，最后再讨论在我们城镇或地区内的社会影响。之后，我们通常会分享每个层面上的想法并展开讨论。第一天的课程就到此结束了。最后，我会感谢学生的努力工作，也向他们保证下一节课上，我会提出一个基于他们和其他班级的想法而产生的设计挑战。

第 2 节课开始时，我向学生展示了他们的挑战。模板 4.7 是我在这一单元使用过的一个挑战的例子。

模板 4.7 修车厂清理场地挑战

你的团队正在为"清洁港湾"公司工作。你被叫到一个修车厂来确定犯罪现场的物质类型。你须设计一个检测流程和方案来辨认和清理物品。

因为这项挑战是基于学生的想法提出的，所以学生的参与度很高。记录下挑战后，我会让他们开始思考指导性问题。

4 位教师分享了让学生为设计挑战做好准备的共同策略。她们都想方设法地将知识与学生的生活联系起来。洛丽关注了学生的鞋子，凯莉应用了现代技术（手机），玛丽给学生展示了岩石和矿物在日常物品中的应用，凯瑟琳让学生从犯罪现场调查（CSI）的角度思考化学品泄漏的清理工作。每位教师都注重提高学生的参与度，增强学生的投入热情，并强调认真将学生分组、组建团队的重要性。这些教师采用头脑风暴和团队思维分享的策略来帮助学生提出想法、分享并最终确定核心问题。她们还确保学生在设计挑战的形成过程中感到自己是不可或缺的。这几位教师通过告诉学生她们在提出设计挑战前会考虑每个人的想法来做到这一点。实际上，每位教师事先都会对单元和设计挑战进行设想。但教师可以通过巧妙的引导和开篇引入的选择，指引学生对已确定的核心问题和相关的设计挑战进行改变。所有的步骤都保证了在这个过程中学生的主体性；在教师介绍设计挑战时，学生已经准备好投入其中并负起责任。

每位教师都反思了与学生一起从引入活动到确定一个设计挑战的过程。因为学生都参与到课堂中，并可以体会到所学知识在世界中的意义与应用，所以所有教师都感到很兴奋。以下是她们结束课程后的一些反思。

> **反思**
>
> **洛丽**
>
> 我的学生非常喜欢学习这个单元，尤其是设计挑战。有很多学习过这个单元的学生在下一学年回来探望我，他们问我的第一件事就是我是否还记得他们什么时候做了"制作人行道"活动。当然，他们还会问我有没有说服我的丈夫给我买更多的鞋子！虽然我的教室中仍然还有之前堵住的水槽，但我还是建议每个人都来使用设计挑战单元。为学生设计一项与他们相关的活动，挑战他们，让他们提出自己的想法并体验成功，这才是有影响力的教学。
>
> **凯莉**
>
> 这种设计挑战单元的教学法改变了我的教学生活。在我12年的教学生涯中，一直有一些表现不佳的学生和接受个性化教育项目的学生。这些学生对他们的数学技能一直没有信心，所以有时会不上数学课。我告诉你，设计挑战单元就是这些学生发光的机会！他们会成为领导者，因为这种动手实践的方法增强了他们的信心，并建立了知识间的联系。我一定会继续实施这种以学生为主导的挑战，而且我也鼓励其他教师尝试一下！

凯瑟琳

在我的指导和认真挑选下，我从来没有让设计挑战单元的教学违背或偏离我的设计初衷。在整个过程中，听取学生团队的观点并与他们对话给我很大的帮助。让学生做选择是一件冒险的事情。但如果学生经历了这次设计挑战之后都能用自己的话描述挑战内容，那么这就是非常值得的。最终，学生记住了设计挑战。当我们开始一项新的设计挑战时，学生总会回忆起当年完成过的其他设计挑战。设计挑战很难，但只要学生进行团队合作并与现实生活联系起来，就可以实现。

总结和要点

本章中教师故事都记录了学生参与设计挑战时的兴奋之情。班级里的学生发现，将他们的想法和意见融入单元设计中，会增加所学概念间的相关性。正如教师在故事中所展示的那样，学生不仅学习了规定的课程，还学会了提出优质问题、团队合作、智力冒险和领导力。

设计挑战单元的引入过程不仅改变了学生，也改变了教师。教师对自己的创造力有了信心，也接受了让学生参与课程内容发展方向，共同制定挑战。学生的兴奋和学习积极性，让教师在规划和实施设计挑战单元过程中付出的努力得到了回报。从教师故事中可以得到的重要启示如下：

1. 设计挑战单元的作用是将基于课堂的工程设计活动与真实世界中用来满足社会需求而进行的设计应用相结合，让学生明白自己能够在解决复杂问题时发挥作用。
2. 在现实条件允许下，找到让学生努力关联挑战和核心问题与规划学习、材料和资源之间的平衡点。想要找到这种平衡，需要教师和学生进行练习。
3. 单元引入应该指向为学生开展设计挑战，在大概念和课堂设计活动之间搭建一架知识桥梁。

4. 在决定设计挑战时，教师对学生以及他们的学习背景及兴趣的了解，与大概念的全球关联性同样重要。

参考文献

Blankenship, K. 2013. Chemical waste identification. Design challenge unit created for Teachers in the Cincinnati Engineering Enhanced Math and Science Partnership, University of Cincinnati.

Cooper, L. 2015. Watershed—Topography and runoff rates. Design challenge unit created for Teachers in the Cincinnati Engineering Enhanced Math and Science Partnership, University of Cincinnati.

DeNu, K. 2014a. Geocaching and transformations. YouTube video.

DeNu, K. 2014b. X-note—Virtual geocaching. YouTube video.

DeNu, K. 2014c. Geochaching and transformations unit.

From Now On. 1997. A questioning toolkit. *The Educational Technology Journal* 7 (3).

Haywood, L. Rock and mineral uses. Rocks, Minerals, and Fossils, LLC.

The Nature Conservancy. 2011. Nature brains: Could you live on less than a bathtub of water a day? YouTube video.

Ohio Department of Education (ODE). 2018. Ohio's new learning standards and model curriculum. ODE.

Perks, K. 2010. Crafting effective choices to motivate students. Adolescent Literacy in Perspectives.

Pollitt, M. 2013. Eco-friendly products. Cincinnati Engineering Enhanced Mathematics and Science Partnership, University of Cincinnati.

第 5 章 聚焦工程设计过程

在第 1 章中,我们概述了如何将 CBL 和 EDP 结合起来,以开发设计挑战单元的结构。第 4 章重点介绍了利用 CBL 框架吸引学生。在本章中,我们将详细介绍教师如何在设计挑战单元中使用 EDP。

斯蒂芬妮·斯图尔特、拉沙娜·弗里曼和布兰迪·福斯特分享了她们如何与学生合作开发工程学实践课程。和前一章一样,3 位教师教授不同的科目,面向不同的学生群体。因此,每位教师都调整了 EDP,以满足学生的需求。斯蒂芬妮想帮助 8 年级理科生将 EDP 的不同阶段与所用到的实践和思维真正联系起来。在她的故事中,她讨论了如何使用一份学生电子文档指南。拉沙娜希望 9 年级生物课的学生能深入理解生命系统中细胞跨膜运输的重要性。她分享了学生如何调查和开发用于解释临床疾病的细胞运输模型。布兰迪分享了她的设计挑战如何让城市中学生专注于开发和测试混凝土配方,并评估数据质量以进行修改。

本章的重点是让你了解工程设计过程并从中有所收获。3 位教师分享自己如何应用嵌入在挑战单元中的 EDP,以及她们如何通过向学生提供支持文档来帮助学生学习 EDP。本章包括学生工作案例和部分内容,以展示教师如何让学生参与到 EDP 中。

斯蒂芬妮的故事

我们从斯蒂芬妮和她的 8 年级理科学生开始介绍。在她的故事中，斯蒂芬妮分享了一个完整的学生案例，以及她为学生开发的一个完整的 EDP 讲义。

让地球科学关联我们的生活

我教的许多学生在家里不会获得能让他们在学校取得成功的支持和鼓励，所以对我来说，找到吸引人且与生活相关联的活动是至关重要的。在我教的 8 年级科学的所有主题中，地球科学无疑是班级中 14 岁学生最不感兴趣的主题。此外，课程标准非常强调地球表面的建设性力量和破坏性力量中包含的概念，这是我将天气、侵蚀和沉积作为我的设计挑战单元重点的动力。

我所在的学区为每个学生提供了笔记本电脑。我将笔记本电脑的使用整合到设计挑战单元中，我觉得最终我会创造性地成功实施该单元教学，可以让我的 8 年级学生在整个单元学习期间保持兴趣。我还认为，使用笔记本电脑可以让我的学生体验到 STEM 领域专业人员的实践和知识工具，让他们对 STEM 职业更感兴趣。

开学的第一天，我向学生介绍 EDP。为了让学生理解它的重要性，首先我让学生观看了介绍什么是工程学的视频，然后让学生调查了不同类型的工程学职业。为了进一步激发他们对工程师能解决的真实世界问题的兴趣，我把他们分成团队，并引入了一个小挑战。他们须设计一架滑翔机，在所有团队中飞行距离最远。工程师必须在时间、预算和材料均有限的条件下工作，我的学生也是如此。我们全班一起讨论了限制条件和要求，在课堂上考虑这些是多么重要，就像在真实世界中一样。在学生努力完成小挑战的过程中，我凭借这个具有竞争性的挑战来逐步解释 EDP。这让我的学生有信心投入到接下来更困难的挑战中。

在我的"生存侵蚀"设计挑战单元（模板 5.1）中，目标是让学生理解侵蚀是一个自然的、持续的过程，不断地塑造着地球上的景观。世界上许多地质问题都是从侵蚀开始的，海岸侵蚀是其中一个难题，海岸沿线的社区和自然栖息地都因为水的侵蚀而遭到破坏。世界各地的工程师一直在尝试提出更好的解决方案来减轻侵蚀对社区和栖息地的影响。我希望我的学生不仅要学习侵蚀的基本原理，还要意识到他们有一天能为解决这个真实世界的难题做出贡献。

模板 5.1　斯蒂芬妮的设计挑战和限制条件

你的挑战	限制条件和要求
抓紧时间！你受雇于一个家庭。他们的海滨房屋即将被飓风摧毁。你和你的团队必须找到一个解决方案来保护客户的房子。你将设计一个能减少海岸侵蚀并保护房子免受海浪冲击的结构。	• 有限的材料 • 在模拟海浪期间，客户的房子必须在两分钟内不受到干扰（例如不能移动、倾斜、翻倒） • 100美元的预算 • 必须保留50%的海蚀崖（1.5英寸[1英寸=2.54厘米]的海蚀崖） • 用两天时间进行设计、测试并建造抗侵蚀结构 • 结构只能测试3次 • 房子不能附着在任何物体上或者被支撑以保持不动 • 房子必须坐落在海蚀崖的中点处 • 屏障结构不能用胶带、胶水或任何方式附着在集装箱上 • 1英寸的海水 • 屏障结构不能高于2英寸 • 海蚀崖必须为2英寸深和3英寸高

学生通过应用 EDP 来解决单元设计挑战，从而他们的学习能力提高到了一个新的水平。我给学生提供了用于减少和防止海滩侵蚀的创新设计和解决方案的指导和工具。学生在解决挑战的过程中使用了一个连续文档来记录信息。连续文档将 EDP 分解为多个步骤，并允许学生整合他们在课堂活动中学到的信息。这也让他们变得有条理，并且他们可以直接将每项活动如何

帮助他们在挑战中取得成功联系起来。连续文档是数字化的，因此学生学会了使用笔记本电脑来记录 EDP 的每个阶段。文档从一个起始页面（模板 5.2）开始，其中包括对 EDP 所有步骤的简要描述。每个描述都是一个启动按钮，链接到该 EDP 步骤对应的单独页面。

模板 5.2 斯蒂芬妮的 EDP 连续文档中的数字化起始页面

1. 明确并界定	2. 收集信息	3. 头脑风暴解决方案
难题是什么？ 限制条件是什么？ 要求是什么？	你需要知道什么？ 是否有现有的设计？ 现有设计的优点和缺点是什么？	头脑风暴解决方案。 为设计产生多种想法。 要有创造力！
4. 选择解决方案	5. 实施解决方案	6. 评估解决方案
选择最优解决方案。 设计是否满足所有要求和限制条件？	画出简略设计图并标注。 收集材料。 制作你的原型。 跟进你的计划。	测试设计。 是否奏效？ 设计是否满足所有要求？
7. 完善	8. 交流	
你能做什么改变来改进设计？ 与团队成员讨论。	分享你的最终设计。 解释你是如何开发最终设计的。 你遇到的困难和收获的成功有哪些？	

下面是一个学生团队工作的案例。在本例中，你可以看到连续文档如何指导学生完成 EDP 每一个步骤（模板 5.3—5.10）。斯蒂芬妮解释了学生案例如何证明她的目标已经达成。

第 5 章 聚焦工程设计过程

学生工作

侵蚀标准代表了我在文档中所说的目标。例如，该单元的第一个目标是"目标 A，我可以定义和应用以下术语：水圈和岩石圈以及风化、侵蚀和沉积作用。"早期的目标从基础开始，如定义、比较和对比。随着单元推进，目标要求学生能分析、综合和创造概念。

学生使用连续文档完成了 EDP 步骤。EDP 步骤引导学生头脑风暴设计想法，根据调查绘制设计草图，然后构建和测试设计。在完善每一步的过程中，学生有机会改进他们的设计。最后，学生将设计传达给潜在客户。此外，他们学会了以真实的方式使用笔记本电脑。

模板 5.3 在"生存侵蚀"挑战单元中明确和界定难题的学生工作示例

难题

明确和界定难题

图片来源：帕特里克·巴纳德，太平洋海岸与海洋科学中心（Patrick Barnard, Pacific Coastal and Marine Science Center），公版

你是一名结构工程师，想帮助瓦胡（Oahu）岛北岸的居民。一场毁灭性的飓风彻底摧毁了几所房屋下面的结构性地基。你的工作是设计、测试和建造一个屏障原型，以防止房屋进一步损坏；向居民推销你的计划，并最终将你的计划付诸实践。

用你自己的话解释挑战：

一个家庭雇佣我们来设计和建造一个屏障结构，以防止或减弱海边悬崖的侵蚀。

列举限制条件：

- 预算
- 时间
- 材料

85

| 模板 5.4 | 在"生存侵蚀"挑战单元中收集信息的学生工作示例 |

收集信息	**目标A成果** 我可以定义和应用以下术语：水圈和岩石圈以及风化、侵蚀和沉积作用。 解释本目标与挑战的关系： 海洋（水圈）正在风化和侵蚀这个家庭住宅所处的海边悬崖（岩石圈）。这个目标帮助我们理解完成挑战所需要的术语。 在下方插入一张图表，图表为起浪后你设计的悬崖模型的照片，标注发生风化、侵蚀和沉积作用的地方。
	目标B成果 我可以识别由移动的水或冰、风和重力引起的风化、侵蚀和沉积作用是如何导致各种类型地形（例如河漫滩、海岸线、冰川地形、沙漠）形成的。 解释本目标与挑战的关系： 在这项挑战中，我们必须找到一种方法来阻止特定地形受到的侵蚀。为了完成这个目标，我们需要了解地形是如何形成的。 插入目标A形成的标注图表，将本目标中适合的词汇编辑添加到图表中。
	目标C成果 我可以把风化、侵蚀和沉积作用这些术语分为建设性或破坏性过程。 解释本目标与挑战的关系： 我们需要知道是什么过程在破坏土地（破坏性的），这样我们才能找到阻止它的方法。海边悬崖是由破坏性过程形成的地形。 插入目标A形成的标注图表，将本目标中适合的词汇编辑添加到图表中。
	目标D成果 我可以描述如沉积物尺寸、土壤类型、坡度、植被、水表面面积和水流速度等因素如何改变风化、侵蚀和沉积作用的速度。 解释本目标与挑战的关系： 我们需要知道哪些变量最耐侵蚀，这样我们就可以用它们来阻止侵蚀的发生。我们可能需要增加植被，使用更大的沉积物，或者降低坡度。 插入目标A形成的标注图表，将本目标中适合的词汇编辑添加到图表中。

第 5 章　聚焦工程设计过程

<table>
<tr><td rowspan="2">收集信息</td><td>**目标E成果**

我可以阅读和解释地形（等高线）图。

解释本目标与挑战的关系：

　　本目标与侵蚀挑战有关，因为地形图可以帮助工程师确定高梯度土地的位置，也就是发生了更多侵蚀的地方。

数字化或手工绘制海边悬崖地形图，标注你的图表。</td></tr>
</table>

模板 5.5　数字化工作文档中头脑风暴解决方案页面（部分完成）

<table>
<tr><td rowspan="2">头脑风暴解决方案</td><td colspan="3">每个可能的解决方案都须有一个来源链接。如果是你自己想到的解决方案，做一些调查，看看解决方案是否已经存在。</td></tr>
<tr>
<td>**可能的解决方案1**

简介：

弧形海堤——房子前面是水泥墙，下面是海滩

描述图片：

优点：
- 将海浪挡回海洋。
- 阻止水接触海边悬崖。

缺点：
- 水把海滩上的沙子带到海洋中。
- 当海滩上所有的沙子被冲走后，海浪会冲到海堤下方，开始侵蚀这些土地。

资料来源：

想法：

图片：</td>
<td>**可能的解决方案2**

简介：

海滩草——小束或长条状的草

描述图片：

优点：
- 根可以固定土壤。
- 便宜又简单。

缺点：
- 必须等待草生长。
- 容易被破坏。

资料来源：

想法：

图片：</td>
<td>**可能的解决方案3**

简介：

防波堤——与海滩成一定角度伸出水面的木楔

描述图片：

优点：
- 延伸出海滩。
- 让海浪前进的距离变大，从而损失能量。

缺点：
- 形成一个更薄的海滩。
- 更容易向下漂流。

资料来源：

想法：

图片：</td>
</tr>
</table>

87

| 模板 5.6 | 数字化工作文档中选择解决方案页面（部分完成） |

每个团队成员的姓名和最终草图如下表所示。草图需要标注材料和尺寸（数字化或手工绘制，并在下面插入）。请列出你的设计成本。

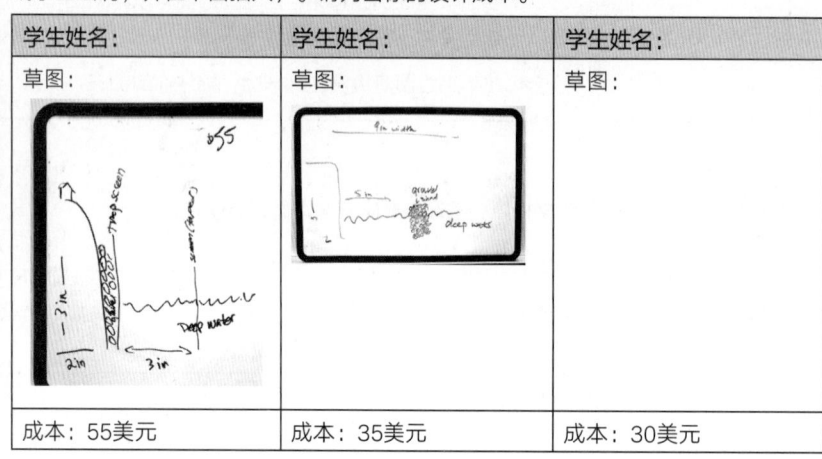

学生姓名：	学生姓名：	学生姓名：
草图：	草图：	草图：
成本：55美元	成本：35美元	成本：30美元

插入选择的解决方案的图片。

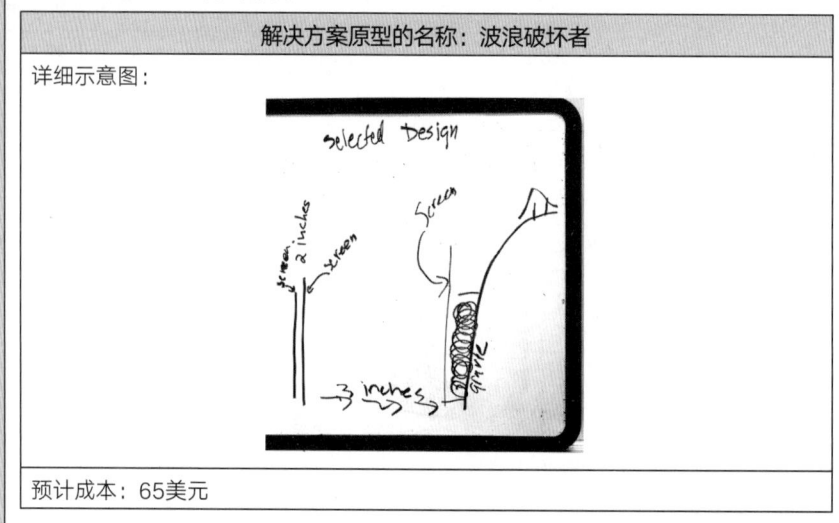

解决方案原型的名称：波浪破坏者
详细示意图：
预计成本：65美元

选择解决方案

第 5 章　聚焦工程设计过程

模板 5.7　数字化工作文档中实施解决方案页面

实施解决方案	转到外部文档，记录团队购买的材料，并追踪团队预算。 插入一张团队建造的屏障的图片。 **解决方案原型的名称：波浪破坏者** 屏障图片： 最终成本：65美元

模板 5.8　数字化工作文档中评估解决方案页面

评估解决方案	测试团队设计的结构，并在下表记录定性观察结果（图片）和定量数据（测量）。 原型测试		
^	前	后
^	定性（图片）：	定性（图片）：
^	定量（测量）： 悬崖高度：_____ 英寸	定量（测量）： 悬崖高度：_____ 英寸
^	如果你的第一次设计（原型）是成功的，你的团队就不需要再进行完善。	

89

| 模板 5.9 | 数字化工作文档中的完善页面 |

<table>
<tr><td rowspan="9">完善</td><td colspan="2">链接7</td></tr>
<tr><td colspan="2" align="center">完善1</td></tr>
<tr><td align="center">前</td><td align="center">后</td></tr>
<tr><td>定性（图片）：</td><td>定性（图片）：</td></tr>
<tr><td>定量（测量）：

悬崖高度：_____ 英寸</td><td>定量（测量）：

悬崖高度：_____ 英寸</td></tr>
<tr><td colspan="2" align="center">完善2</td></tr>
<tr><td align="center">前</td><td align="center">后</td></tr>
<tr><td>定性（图片）：</td><td>定性（图片）：</td></tr>
<tr><td>定量（测量）：

悬崖高度：_____ 英寸</td><td>定量（测量）：

悬崖高度：_____ 英寸</td></tr>
</table>

| 模板 5.10 | 数字化工作文档中交流页面（最终学生总结） |

| 交流 | 你的解决方案成功地解决问题了吗？用定量（测量）和定性（描述和图片）证据来支持你的说法。

　　我们的屏障没有成功。对我们的解决方案影响最大的限制条件是时间和金钱。如果我们有更多的钱，我们就可以买更贵的材料，比如黏土和海绵沼泽。如果我们有更多的时间，我们可以花更多的时间思考哪些材料是最好的。我们也能够进行第3次完善，而不是只有两次。在我们的测试中，侵蚀总量是1英寸；然而，我们提前两分钟停止了第2次测试，所以我们的悬崖本来可能会被侵蚀得更多。 |

第 5 章 聚焦工程设计过程

<blockquote>

交流

我们的第一道屏障花了65美元。我们使用两个隔板作为墙壁来减少波浪的冲击力，用吸管像柱子一样支撑隔板，用砾石来阻止波浪对海边悬崖的侵蚀，用胶带将隔板固定在容器上，将吸管固定在隔板上。为了完善模型，我们用一块箔片作为悬崖的海堤，并用砾石压住它。我们还使用隔板来减少波浪的冲击力，并用吸管来阻挡侧面的水。我们用胶带把我们的材料粘起来。

时间是我们团队遇到的一个困难点。我们没有非常细致地做计划，我们没有足够的时间进行第2次完善。如果我们有更多的时间，我们会花更多的时间来设计我们的屏障，以确保我们所有的材料都得到合理的使用；我们也能再次进行完善工作。如果我们的屏障起作用，我们会告诉客户选择它，因为它使用的各种材料本身并不昂贵，而且建造它根本不需要很长时间。

</blockquote>

在单元结束时，斯蒂芬妮反思了将设计挑战作为课堂教学法的学习是什么样的。她还考虑了学生学习中取得的成就。此外，斯蒂芬妮检查了学生的工作，坦率地说明了应用设计挑战的一些困难。在这里，斯蒂芬妮分享了她的想法。

斯蒂芬妮的反思

应用设计挑战是 CBL 的一个关键部分，因为它为学生提供了一个指南，能为他们面临的所有挑战创造成功的解决方案。学生的连续文档包括 EDP 所有阶段。这个设计挑战单元既吸引了学生，又为他们提供了一种有意义的学习方法，并记录了他们的学习，以便他们能够保存和处理信息。总的来说，我发现与 EDP 相结合的 CBL 方法是一种极其有效的教学方法，因为它能吸引学生，并向他们清楚地展示了如何将他们所学的知识应用于未来的工程学职业中，让学生意识到他们通过使用真实世界的应用程序所做的事情的重要性，也是让学生保持兴趣、专注于任务并完全投入的关键。

拉沙娜的故事

拉沙娜是一名高中生物教师，在一个多元化的郊区教书。在她的生物课上，并不是所有学生都很了解彼此。她用设计挑战单元让学生在学习生物知识时组成团队。拉沙娜通过解释自己的设计挑战单元在支持多元化学生群体起到的作用来展开她的故事。

挑战设计和多元化

多元化给设计挑战单元和EDP纳入课堂教学增加了更多价值，让学生与可能跟自己非常不同的人合作和交流恰恰增加了这个过程中发生的学习。

用设计挑战支持多元化是极其重要的。然而，我的设计挑战发起的主要目标是把一个在州测试中经常提到的困难概念，比如细胞运输，与真实世界建立联系，从而激励学生学习。在我的班上引入设计挑战单元之前，有关细胞运输的课堂最终变成了词汇课或关于水运动方向的识别练习。学生必须确定水是从烧杯流入细胞还是从细胞流入烧杯。当学生用醋剥掉鸡蛋的外壳，并检测糖浆、水和醋是否流进或流出鸡蛋时，他们的参与程度最高。虽然无壳鸡蛋对学生来说非常有趣，但这项活动不包含任何与真实世界的联系。学生在未来的生活中没有办法将这些内容应用到任何事情上，这导致学生失去了理解和描述细胞环境调节（稳态）的能力。

找到向学生推荐这个内容的方法是实施设计挑战单元的重要一步。我的学生感兴趣的往往是那些与医学和疾病有关的单元，特别是遗传病、细菌性和病毒性疾病领域会启发学生思考。利用学生对医学和疾病的兴趣，我将他们吸引到细胞运输内容上。我使用了一段剪辑过的视频，这段视频记录了患有5种不同疾病的人，这些疾病在分子水平上影响了分子进出细胞。每种疾病都是由受这种疾病影响的人来介绍的，如病人、护理人员或处理疾病暴发的公共卫生工作者。

所有的学生都知道被诊断患有疾病会对生活产生巨大的影响。无论是通过个人经历还是电视和电影，学生都能理解疾病对家庭的影响。让学生摆脱

"我们为什么必须要学这个？"或者"为什么这很重要？"的看法，让学生以扣人心弦的方式达成学习目标会使他们更深入地掌握内容。对教师来说，那才是一场真正的胜利。

为了开始与疾病相关的设计挑战，我把学生分成3组。他们的任务是调查指定的疾病，然后扮演两个角色：医学模型工程师和治疗医生。首先，他们必须像工程师一样工作，建立一个说明疾病机制的医学模型。然后他们必须扮演医生的角色，用这个模型向病人解释疾病。引导学生回答核心问题的提示是，"如果你是一个被诊断患有这种疾病的病人，你认为你会向医生提出什么问题？"学生能够思考在给病人诊断时他们需要解决什么问题，并提出他们需要调查的问题，以完成他们的挑战（表5.1）。

表5.1 细胞运输疾病选项

细胞运输和挑战人类健康的疾病列表
霍乱
威尔逊氏症
家族性高胆固醇血症
登特病
家族性偏瘫型偏头痛
Bartter病
卡塔格内综合征
I-Cell病
利德尔综合征
先天性长QT综合征
低钾性周期性麻痹

在团队着手完成设计挑战之前，我向他们简单说明了细胞运输包括主动和被动运输。只要学生确定了为进一步理解主题所需要了解的信息，他们就能完成一个自行设计的分子大小的运输实验室。以团队形式完成这项任务促使学生思考是什么让特定的分子通过或不通过，激发学生批判性思考，引起激烈的辩论。

在这之后，我做了教师演示，让学生有机会观察细胞膜功能不正常时细胞会发生什么。然而，大多数学生的学习发生在对他们选定的疾病进行团队调查的过程中。当他们试图弄清楚疾病涉及的是主动或被动运输，以及如何利用这些知识来设计模型时，他们开展了许多次讨论。

拉沙娜通过使用学生检查工作单、同伴评价和评价量表来指导她的学生完成设计过程。因为学生的决定和模型设计是基于特定疾病的，所以对他们来说，使用一套更宽松的标准和指南（模板 5.11）比斯蒂芬妮对她的学生使用的高度结构化的讲义更有效。拉沙娜在接下来的故事中解释了她是如何利用这些资源的。

模板 5.11　学生设计细胞运输调查的说明

原生质膜与稳态

目标

探究环境如何影响细胞膜。细胞膜与维持细胞内环境稳态有什么关系？

背景

细胞的原生质膜通过包围细胞器来维持细胞结构，它还控制哪些分子可以进入和离开细胞。因此原生质膜对维持细胞内的稳态至关重要。在本活动中，你将设计一个实验来研究环境变化如何影响细胞的原生质膜。

可能的材料

- 甜菜根
- pH 试纸
- 计时器
- 干酵母
- 24 孔微孔板
- 天平
- 伊乐藻植物细胞
- 加热板
- 盐
- 150 ml 烧杯
- 甲醇
- 洗涤剂
- 移液器
- 蒸馏水
- 塑料餐具
- 搅拌棒
- 温度计
- 刚果红生物染色剂

第 5 章　聚焦工程设计过程

问题

环境变化如何影响细胞的原生质膜？

这对细胞的稳定性（稳态）有什么影响？

流程

- 选择你将在实验中使用的细胞类型。以下是一些建议：

    甜菜根：甜菜根含有一种红色化学物质。如果原生质膜受损，红色会消失。

    酵母细胞：你可以在显微镜下观察到酵母细胞。化学染色剂刚果红通常不能穿过酵母细胞的原生质膜。如果细胞膜受损，染色剂就能够进入细胞。

    伊乐藻植物细胞：伊乐藻是细胞比较大的水生植物。你能在显微镜下观察到，并且可能会看到细胞大小是否改变（水进出细胞）。

- 选择你想要测试的环境因素。你既要考虑自然因素导致的变量也要考虑人为因素导致的变量。如何在实验室中测试这个因素？
- 和同伴讨论哪种方法最适合研究这个影响。记下你们的想法。

教师签字 _____

指导学生

在完成指定的调查和对疾病的研究后，学生开始创建他们的模型设计板来推销他们的设计想法。然后我让团队思考彼此的模型在解释疾病方面有多大效果。这是团队第 1 次获得同伴反馈，根据建议他们就可以改进（修改）他们的设计。学生参加了一次画廊漫步活动，房间的四周张贴着他们的设计。他们仔细地查看了这些展示出来的想法，并给每个团队的设计板填写了反馈表（模板 5.12）。接下来，团队根据同伴反馈来修改他们的模型。

第 2 次的反馈来自家长和监护人。学生把他们的模型或模型照片带回家，并把他们的家长/监护人当作病人来向他们演示。家长/监护人也完成了模板 5.12 所示的检查表，以评估学生的模型和口头报告。这不仅让学生练习了口头报告，也为家长/监护人提供了理解设计挑战的机会。该活动得到了积极的家长反馈,正如一位家长在反馈表上解释的那样:"我认为麦克纳(Mckenna)从这个项目中学到了比常规考试更多的东西。她真的能够解释很多关于疾病以及细胞如何运行的事情。"

模板 5.12 同伴 / 家庭反馈表

同伴 / 家庭成员评估表

挑战小组成员:_____   评估人:_____

标准	出现(是/否)	改进意见
设计中有特定细胞类型的特殊结构		
将疾病确定为主动或被动运输的问题		
模型能很好地组合在一起,在视觉上有吸引力		
团队成员能讨论主动和被动运输的差异		
团队成员能以易于理解的方式讨论指定疾病的细节		
细胞模型对理解疾病非常有帮助		

有助于改进最终产品的附加建议:

草图评估

草图整洁,有条理,并能清楚地描述模型是如何组合在一起的。

差　　1　　2　　3　　4　　5　　优

草图展示了一个明显的计划,可以清楚地描述指定的疾病。

差　　1　　2　　3　　4　　5　　优

模型草图显示了疾病所影响的细胞类型的特定结构。

差　　1　　2　　3　　4　　5　　优

草图的描述内容包括模型如何展示分子的正常运输和出现故障时分子的运输。

差　　1　　2　　3　　4　　5　　优

图 5.1 展示了学生练习演示疾病模型以获取反馈的照片。

图 5.1 学生练习演示疾病模型以获取反馈

布兰迪的故事

布兰迪指导城市中学学生进行 EDP 的策略包括学生合约（详见第 7 章）和将该过程的不同部分划分为数个教学阶段。布兰迪希望她的学生能为自己的学习和管理团队的进展负责。在她的故事中，她首先分享了她是如何决定在设计挑战单元使用混凝土，以及为什么选择学生合约。之后，她解释了如何在设计过程中控制学生的进度。

混凝土想法

在一个温暖的秋日，我走进教室，手里拿着一份关于物质及其分类的详细教案。但这并不是只让学生阅读课本或回答一些问题的枯燥课程，而是新的设计挑战课程。我的"混凝土决策"单元是在我上过的一节课的基础上做了一个粗略的版本后形成的。我们回顾了制造混凝土的技术，并学习了非常复杂的配方如何影响材料的强度。我一边看我要教授的课程标准一边想"为什么不把这个介绍给我的学生呢？虽然很杂乱，但吸引人，他们最初会嗤之以鼻……这太有趣了！"

另外，我的学校有一条破旧小路，足球队沿着这条路走到球场。这条路穿过学校正后方的一片草地。环境科学课（11年级的课程）的学生决定铺设这条路。最终两个课的学生合作完成了这个设计挑战单元。我的学生来调查和测试混凝土的最佳配方，环境科学课的学生制作混凝土并铺设道路。我知道这个计划会吸引我的学生，因为他们当然想用他们的聪明才智给高年级学生留下印象！

我的学生是最棒的！我知道每位教师嘴上都会这么说，但我的学生确实是最棒的。他们来自城市各地，因此我喜欢称这个集体为"种族社区"。不用说，他们是一群有趣的学生。当我向他们介绍这个项目时，他们立即告诉我不想做的各种理由，其中最主要的理由是他们担心搞杂。在我的一番劝说鼓励下，最终他们接受了。

"混凝土决策"单元以俄亥俄州课程标准中的物质性质、物质分类和物质状态（ODE, 2010）为重点，与NGSS中的"PS1.A：物质的结构和性质"以及"HS-PS1-1和HS-PS1-2：物质及其相互作用"（NGSS Lead States, 2013）是一致的。这个项目的任务是让学生使用标准的混凝土配方解决驱动问题：改变混凝土的成分如何影响混凝土的强度？然后学生测试和修改配方，让混凝土更坚硬。利用EDP，他们收集并整理数据，做出关于混凝土强度的正确决策。如何与物质相联系呢？学生必须掌握物质分为固体、液体和气体。但设计挑战单元的目标远不止于此。学生要研究一种制造混凝土的方法。然后他们要通过改变制作第一批混凝土时的一个变量来找到一种方法，使混凝土更坚硬。重点不仅仅是观察固体或液体，而是研究在人工世界中的物质及其相互作用。混凝土无处不在，学校、桥梁等地方都有混凝土。混凝土是生活设施的基础，设施结构的强度取决于制作混凝土的混合物中物质的强度。

对于这个设计挑战，我把单元分成不同的课时。有些课时只花费一天时间，其他的花费三四天时间。第 1 课涉及对团队合约的讨论。

第 1 课

我通过描述学生要做的活动来介绍混凝土挑战，并且我向全班学生播放了波特兰水泥协会（PCA, 2015b）制作的视频《新石器时代》。让学生讨论"你见过哪里使用了混凝土？"这一问题，激发学生进一步探索的兴趣。混凝土应用列表非常长，说明了混凝土在我们生活中的重要性。我把这个列表放在了教室里，让学生随时补充。

在介绍性的讨论后，我让学生选择队员，组建 3 人团队。每个学生在团队中选择一项工作，有一个职位名称。这让他们觉得自己很重要，产生一种认同感。团队职位有项目经理、材料经理和技术经理。之后我们讨论了每个人的工作和职责。

- 项目经理负责团队管理。我规定只有担任该职位的团队成员可以与承包商（教师）谈话。项目经理的职责包括验收混凝土配方（总共两份），并提出测试配方的最佳方法。
- 材料经理负责为团队获取材料。材料经理要确保材料的数量正确，并且必须详细记录使用的材料以及如何使用的。这个职位也要负责清理工作。
- 技术经理可能是团队中最重要的成员，负责收集数据。当团队测试了混凝土配方的强度后，技术经理的任务是以清晰的方式组织数据，使数据易于分析和解释，从而获得可操作的结果。这意味着技术经理要创建数据图表来比较两种配方。

所有信息都在模板 5.13 的团队合约中进行了概述。合约为团队设定了标准和期望。这份合约有 5 个部分。第 1 部分确定了团队成员及其各自的角色。第 2 部分让团队描述挑战的核心目标。我可以从中了解到学生是否准确理解了要求他们做的事情。第 3 部分包括团队成员在整个项目中必须遵守的协议。第 4 部分是责任部分，可能是合约中最重要的内容。在这一部分，学生必须列出对每个团队成员的期望。这让团队能够"记录"那些没有尽全力的团队成员。如果一个团队成员获得 3 分，他可能会被团队"解雇"。被解雇的团队成员将会被分配一个单独的任务，教授这节课的概念，但是这个学生不能再完成挑战。第 5 部分是合约签字。

在这节课中使用 EDP 可以让学生对探索过程有一个基本的计划，为他们的想法提供了一个结构或提纲。项目经理负责确保团队推进 EDP。设计挑战单元的优点在于没有真正的"对"或"错"的答案。答案依据学生从挑战中提供的证据。

模板 5.13 布兰迪的学生合约

团队合约

I. 团队成员

角色	团队成员
项目经理：负责管理团队和时间。维护团队资料夹，组织文字工作，并与教师交流。	
材料经理：负责材料。保持桌面整洁有序，负责每节课结束后的清理工作和材料收集。	
技术经理：负责实验数据的收集和整理。	

II. 项目目标 / 任务

1. 这个项目的主要科学目标是什么？
2. 在这个项目中，你认为必须做哪些事情才能成功完成该项目？

III. 团队协议

1. 每个团队成员每天必须履行个人职责。

2. 每个团队成员必须完成规定的课堂作业和家庭作业。

3. 如果团队成员缺席，他必须在上课前联系团队，并为缺席做出弥补。缺席不能免除该团队成员的职责。

Ⅳ. 问责制

项目经理负责保证团队完成工作，可以使用该部分向未完成规定任务的团队成员发出违规警告。教师必须签字确认这些违规行为是否合理。收到违规警告的成员会在总分中被扣分。

团队警告	日期	教师签字	团队警告	日期	教师签字

使用以下数字代码来标识违规行为。如果有未列出的违规行为，请在下面补充。

1—缺少参与　　　　　　4—经常缺席

2—找不到资料夹　　　　5—未完成规定任务

3—丢失材料

Ⅴ. 团队签名

姓名（打印）	签名

第 2 课

学生调查了混凝土的成分，并头脑风暴改变成分的方法。这有助于他们识别混凝土配方中涉及的变量。基于这个调查，学生收集信息并记录了如何制作可行的混凝土配方（图 5.2）。班级活动之一是让团队阅读一篇文章，题目为"混凝土是如何制成的"（PCA, 2015a）。这个背景活动让学生了解了制作基本混凝土混合物的过程。然后，学生制造了一种标准的混凝土混合物，并用足够的时间来凝固，然后测试（图 5.3）。这个过程持续了大约一周的时间。第一批混凝土作为测试的对照组。

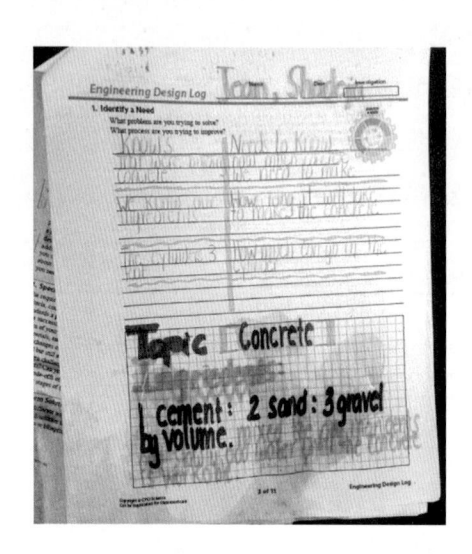

图 5.2 学生设计混凝土混合物的笔记

安全注意事项：因为吸入混凝土产生的细粉尘可能有害，所以一定要向学生强调实验室安全。制作混凝土混合物时，应佩戴护目镜、橡胶手套、乳胶围裙和防尘口罩。

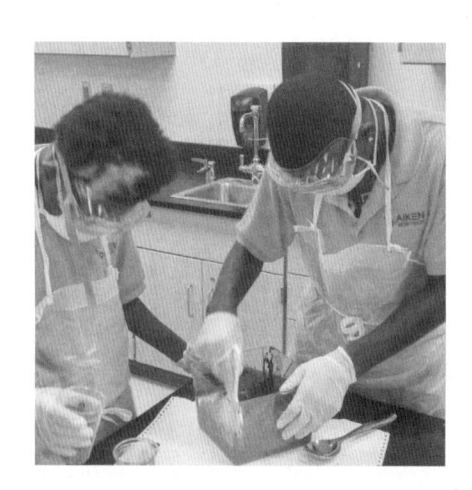

图 5.3 布兰迪的学生正在混合混凝土

当第一批混凝土凝固时,学生开发了测试混凝土混合物强度的方法。此外,他们必须确定挑战的限制条件和标准。

第 3 课

除了进行混凝土强度测试,学生还做了额外的活动来学习必要的概念。在第一个活动中,他们学习了物质的组成。第二个活动是实验室调查,我向学生介绍例如异质和同质混合物等术语。第三个活动帮助学生区分不同相的物质。在这节课结束时,学生的第一批对照组混凝土已经凝固。他们现在准备进入下一节课,在下一节课上他们将测试他们的作品。

第 4 课

学生把加重的水桶挂在他们的混凝土横梁上,测试对照组混凝土混合物的强度(图 5.4)。材料经理和项目经理负责实际测试;技术经理负责记录收集的数据,并将数据整理为图表。

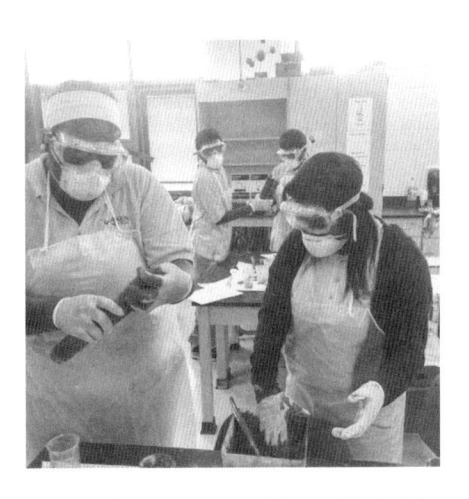

图 5.4 学生正在为测试准备混凝土横梁

测试后,团队讨论了如何修改配方以使混凝土更坚固。他们必须根据添加物的结构化数据,提出一种添加物。在本课中,学生使用 EDP 来确定问题并实施调查。基于调查,他们可以头脑风暴,提出一个解决方案来改进最初的混凝土配方。我在第 3 课中提供的活动将内容与密度和元素周期表的排列联系起来。结果是，学生可以看到元素的结构如何影响黏合，帮助他们做出在混凝土混合物中使用哪种添加物的正确决策。学生能够研究添加物的化学成分并理解它是如何黏合的。

团队也使用EDP来设计第2个配方并测试。他们收集了第一批横梁的对比数据。由于每种新配方在某些方面都有所不同，这些团队也可以开会对比他们改良混合物的数据。比较不同的配方导致团队的实验时间减少了，这意味着他们不能提出第3个配方。结合所有的数据，学生决定给环境科学课的同学们一个设计最佳的配方，用于小路的修善。

在这3个班级中，教师先激发学生对主题的兴趣，选择一个吸引人的与主题相关的设计挑战供学生解决，从而为学生的成功奠定基础。之后教师在设计挑战过程中低姿态地指导学生，让学生作为一个团队来应对挑战。每一位教师都使用了一种计划或提供了文档来指导这个过程。斯蒂芬妮有一份连续文档，学生在文档中记录了EDP步骤的进展情况。拉沙娜让学生在她的设计挑战中将细胞运输的作用与疾病联系起来，使用评估表和评价量表来指导整个单元。布兰迪为学生创建了一份合约，规定了团队角色，帮助学生按计划完成任务，并让学生产生责任感。

拉沙娜和布兰迪分享了她们对设计挑战单元教学的反思，尤其侧重于EDP的作用。拉沙娜评论道，生物课中的设计挑战单元很难，但她认为她已经有效地完成了EDP在课程中的融入。

拉沙娜的反思

工程设计过程及其实施的灵活性让我看到在生物课堂上实施设计挑战的方式。学生在设计一个过程而不是一个传统的产品，EDP仍然是一个强大的工具。EDP实际上是一个解决问题的模型，鼓励头脑风暴、交流、测试、反馈和修改以及重新测试，为难题创造最佳解决方案。

当我查看测试数据时，很明显这个单元的教学取得了显著的学习成果。对比前测和后测的分数，学生在知识方面有 50% 的增长，并且还发生了其他的学习行为。通常，这将是一条要报道的重大新闻。在这个单元中，我听到了学生关于主动和被动运输以及分子穿过细胞膜的运动的对话，这让我大吃一惊。在他们创建模型以及准备展示期间，学生主导的讨论水平超出了我的预期。

任何教学方法都有缺点，或者至少是需要解决的挑战。每当我分配团队工作时，如同一场持久战，须确保所有学生都能积极参与进来。此外，因为这个单元需要团队内进行大量的批判性思考和分析，而教师的投入很少，学生有时会感到不满。尤其是优等生会苦于无法找到"正确答案"或单一解决方案。由于 CBL 没有设置让学生产生单一的正确答案，因此一些学生会觉得沮丧。当他们在努力学习和讨论时，我感受到了回报，也感到这个设计挑战能够让他们更深入地理解内容。

布兰迪反思了学生在为学校新道路创建"最佳"混凝土配方的原型方面的收获。

布兰迪的反思

这是我的学生面临的第一个主要挑战，但他们在前后测试的比较中表现得非常好。设计挑战单元让他们成为自由思考者，因为他们看到了真实的难题并创造了真实的解决方案。虽然环境科学课的学生没有使用我们的混凝土配方，但他们确实利用了这些收集到的数据和信息来决定小路的混凝土配方。这便增加了学生的自主权。当我们的学生知道他们正在做的决策实际上很重要时，他们会更加努力。

总结和要点

本章中的 3 位教师详细介绍了他们在实施 CEEMS 项目中的 EDP 时所使用的教学策略。虽然使用 EDP 作为一种学习工具最初对他们来说并不容易，但每位教师都认为值得为它付出额外的努力和准备。本章展示了教师如何介绍 EDP，之后如何引导学生理解教师对他们的期待。每位教师都描述了 EDP 如何吸引学生参与到挑战中，并因此提高了学生的兴趣和提升了学习效果。斯蒂芬妮、拉沙娜和布兰迪提供的例子清晰地解释了如何成功地整合 EDP，同时支持学生并实现多样化的学科目标。当创建设计挑战单元时，每位教师都会考虑学校环境、学生的年龄水平和年龄适应性，然后进行相应的规划。

本章的要点包括以下内容：

1. EDP 是一个迭代的过程，不会总以相同的顺序完成。但是，重要的是在设计挑战的某个阶段学生参与的每一步。在图 5.5 中，我们提出了一个与 EDP 图表一致的课堂活动。

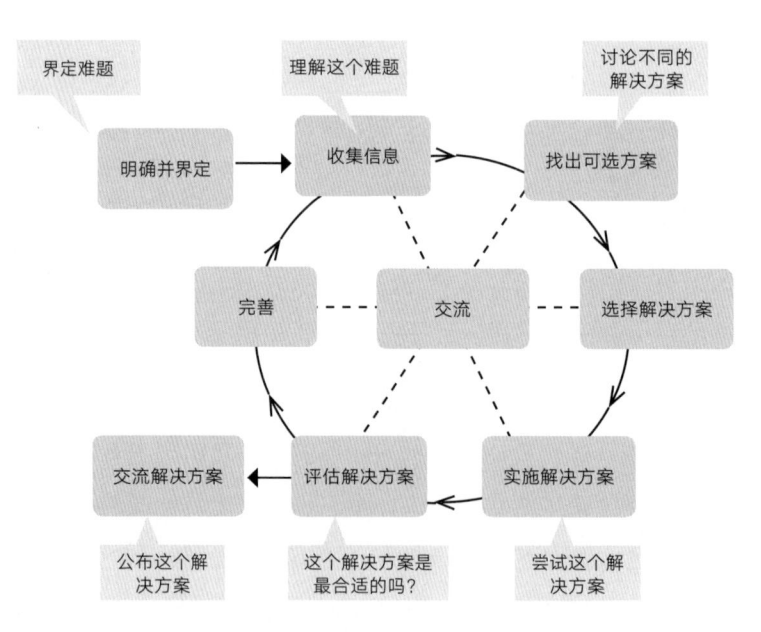

图 5.5 工程设计过程实施：计划课堂活动

2. 为学生提供一份讲义，让他们记录在 EDP 每个步骤中的工作或者确保他们能够在记录中标出这些步骤，这会很有用。
3. 为了让学生能理解 EDP 并获得 21 世纪技能，学生参与测试、评估和修改以优化正在设计的产品或过程是至关重要的。
4. 学生需要在整个过程中练习交流沟通，围绕目标概念构建自己的学术语言，并促使自己解释和证明自己的想法。
5. 在每次设计挑战中，学生应该有机会发展口头、书面和视觉沟通技能，所有这些沟通技能都是重要的职业技能。

参考文献

NGSS Lead States. 2013. *Next Generation Science Standards: For states by states.* Washington, DC: National Academies Press.

Ohio Department of Education (ODE). 2010. Ohio learning standards for science. ODE.

Portland Cement Association (PCA). 2015a. How concrete is made. PCA.

Portland Cement Association (PCA). 2015b. "A new stone age." PCA (YouTube video).

第6章 将评价整合到设计挑战单元中

前面的教师故事着重于教师如何吸引学生参与到挑战和设计的任务中。这些故事也提到了如何实施以及如何在EDP中管理学生。在这一章中,教师将承担起确保学生正在学习的责任,这项工作严谨而艰巨。在这一章中,有3位教师——埃米·詹姆森、玛丽·波利特和凯文·塔克——来具体分享他们聚焦评价的设计挑战单元。教师会讨论对于学生学习自己更看重什么,以及他们如何收集和记录学生的学习情况。

单元模板作为一种工具,通过将EDP嵌入到单元结构中从而指导设计挑战的整合。在模板中,评价集中在EDP上(模板6.1)。然而,真正实现内容评价的是教师的日常课程、辅助材料和活动。在解决设计挑战之前和期间,教师预设了学生可能需要回答的指导性问题。他们使用预设的问题以及对学生前几年已学内容的了解来开发评价。

除了认真规划之外,教师在实施有效的设计挑战单元时还须创造一种课堂文化,让学生愿意从失败中学习。这些故事中的学生使用EDP来解决设计挑战,这意味着他们在创造产品或反复修改和重复测试的过程中学习。当学生在解决设计挑战时,教师便进入了引导者的角色,让学生自己做决定。所有过程都必须采用适当的评价,对学习者进行问责。

> **模板 6.1**　设计挑战的准备阶段

5. 评价和 EDP

哪些EDP步骤最适合实施评价（列出适用的步骤）？	在左侧列出每个EDP步骤所使用的评价类型（例如规则、图表、清单、模型、问答等）。然后勾选适当的方框，指出评价是形成性的还是总结性的。
_____	_____ ☐ 形成性　☐ 总结性
_____	_____ ☐ 形成性　☐ 总结性
_____	_____ ☐ 形成性　☐ 总结性
_____	_____ ☐ 形成性　☐ 总结性

查看下面列出的特征，这些特征将通过 EDP 整合到你的挑战中。

☐ 解决方案有明确的限制条件
☐ 能够产生不止一个可能且可行的解决方案
☐ 包含完善或优化解决方案的能力
☐ 评价科学或数学内容
☐ 包含数学应用
☐ 涉及图形的使用
☐ 需要进行数据分析
☐ 包括学生主导的关于结果的交流

埃米的故事

我们从埃米的故事开始。埃米是一名城市高中物理和化学教师。在她的故事中，她充分地描述了她如何实施与动量有关的设计挑战，以及如何有效地评价学生的学习。正如埃米解释的那样，在使用设计挑战单元的同时能够让学生对自己的学习负责，对于她来说这一点至关重要。她还喜欢频繁地使用形成性评价，以指导自己的教学。此外，她还促进了学生的元认知，如第

2章所述，元认知是学生学习的关键组成部分。所有的工作都使学生在学科知识的获取和记忆方面有显著的进步。

嵌入式评价

我在高级课程中使用设计挑战单元的目的是双重的：我想让学生在学习课程内容以达到课程标准要求的同时学习工程设计过程。我将这两个目标结合到一组活动中，帮助学生接触到职业、社会和知识应用，以及对科学和数学学习原理有更清晰的认识。这些目标非常令人向往，但我要如何知道他们正在学习我希望他们学习的内容呢？

评价学生的形式多种多样，但都必须根据学生的学习目标和教师所需要的信息进行调整。在我的故事中，我描述了我在设计挑战单元中设计嵌入式形成性和总结性评价的过程，这一过程提供了学生对内容和EDP掌握情况的有效数据。我还描述了我用来鼓励学生监测他们自己的知识的方法，以及阐明了该方法如何让学生更好地记忆和应用知识。我的设计单元的标准来自NGSS：

HS-PS2-3. 应用科学和工程学思想来设计、评价和改进一个装置，使碰撞过程中宏观物体所受的力最小。

HS-PS2-2. 使用数学表达来证明当系统不受合力时总动量守恒。

在设计促进元认知的评价时，我试着确保学生能够持续掌控他们自己的进度，并在单元末尾的总结性评价（典型的章节测试）之前有时间钻研概念和技能。随着单元的进展，我定期检查学生对内容的学习和对EDP的理解情况，以此作为形成性评价并确保学生在这两方面都按部就班。评价的使用时机和范围都很重要。我经常使用形成性评价来调整单元以适应学生的需要。这意味着利用评价数据来决定挑战的推进节奏，并及时为那些没有掌握技能或理解科学概念的学生查缺补漏。

"昂贵的碰撞"单元是我在高等学术物理课上教的，课上大约有20名11年级和12年级的学生。该单元的第一个形成性评价来自引入环节"动量观察"（模板6.2）。

> 模板 6.2　引入：动量观察

引入

动量观察

今天我们开始学习动量。因为"动量"这个词存在非科学的含意，所以我们需要做一些观察，将它作为一个定量的物理概念来理解。你将按如下每一步所示来设置轨道和弹珠，并以草图的形式记录你的观察结果。

1. 滚动 1 号弹珠，使其撞到其他弹珠，确保弹珠们彼此接触。

描述你所看到的并画下来，包括弹珠 1 与弹珠 7 的速度比较结果。

2. 现在用同样的方法处理两个弹珠。

描述你所看到的并画下来，包括相对速度。

3. 现在试试 4 个。

描述你所看到的并画下来，包括相对速度。

4. 现在重复第 1 步，用一个更大的弹珠代替 1 号弹珠。

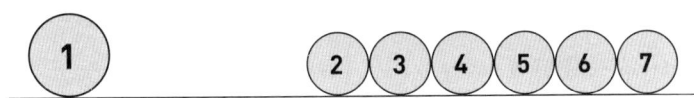

描述你所看到的并画下来，包括相对速度。

5. 对于为什么第 4 步的速度和第 1 步的速度不同提出一个假设。

6. 根据你对一般守恒定律的了解，以及你在这里所做的观察，得出一个可能的动量守恒定律：

引入让学生观看两个不同物体之间一系列不同的碰撞，目的是促使他们将所观察到的碰撞过程与他们已有的关于物质守恒的知识以及他们最近获得的对机械能守恒的理解综合起来。当我检查学生交给我的作业时，我算了一下他们中有多少人理解了质量和速度守恒的概念，即使他们还没有学习质量和速度在动量中的确切关系。大多数学生都能够很好地观察他们在演示中看到的现象，因此这个形成性评价决定了接下来需要进行的步骤。

在学生自行尝试之后，我把"动量观察"讲义作为一个完整的小组活动来复习，并对观察结果进行了简短的讨论，以便学生可以补充他们遗漏的信息。这让他们可以在这个过程中检查自己的理解。我知道没有掌握质量和速度作为动量守恒的组成部分的学生将不能有效地将这些知识应用到设计挑战中，但这次开放活动让学生能够填补他们遗漏的必需信息。

我了解到有些教师喜欢在界定设计挑战之前讲授所有的教学内容，但我发现设计挑战能促使学生在教师教授知识时集中注意力，这是即时学习的例证。一般来说，我的许多学生天性好强，这往往促使他们努力制造出比同龄人更好的产品。他们很清楚，了解数学和科学背景知识会使他们在设计中具有优势。

为了让学生应对"昂贵的碰撞"设计挑战，第一步是确保他们对此次挑战有清楚的理解。模板6.3所示的评价用于确保学生理解了他们被问的问题，以使他们各自的研究都是切题的。在讨论了引入活动之后，我的所有设计挑战单元都使用了这个讲义模板。评价的目的是将许多不同的观点汇集成一个全班共用的挑战问题。评价中包含了一些学生的想法。

模板 6.3　理解挑战：学生回答样例

理解挑战

姓名：_____

下面是对大概念的陈述：

在停车场，每天都会发生失控的购物车与停放的汽车相撞事件，造成的损失不仅仅涉及修理划痕和凹痕的费用。受此影响的车主可能需要在维修期间租车或乘坐公共交通工具。他们也可能在把车送到修理店以及取车的过程中误工。

在大概念的基础上，请你自己提出至少 3 个感兴趣的核心问题。

现在，以小组为单位，讨论这些问题，找出 3 个核心问题并向全班提议：

1. 怎样才能以低廉的价格重新设计购物车的正面，从而将撞车造成的损害降到最低呢？
2. 怎样才能使购物车在发生停车场碰撞时更安全呢？
3. 怎样设计购物车才能使其与其他物品发生安全碰撞呢？

以班级为单位，为我们的挑战确定核心问题并记录在下面。

说出当今社会存在的一些与大概念相关的挑战。

a.

b.

c.

用你自己的话陈述挑战。

列出你完成挑战需要回答的指导性问题。

1. 购物车的质量（满的和空的）会如何影响损害的程度？
2. 如何将该产品安装到购物车上？
3. 什么材料最能减少由购物车释放的冲量？
4. 购物车的速度会如何影响损害的程度？

用你自己的话陈述挑战的限制条件。

在学生提出自己的核心问题并在团队中进行讨论后，全班同学选出最好的那个问题。每个团队在黑板上写下他们选择的核心问题，然后全班投票。当全班最终意识到所有的团队都产生了相同的问题形式，达成显而易见的共识时，这种评价就是成功的。在本次设计挑战中，核心问题为："怎样以低廉的价格重新设计购物车的正面，才能最大程度减少与汽车侧面碰撞造成的损害？"

在完成用于界定难题的核心问题和指导性问题之后，学生开始收集信息。在实验室开始实验测试之前，我教学生解决动量和冲量问题。通过在单元中嵌入动量和冲量计算的内容，帮助学生掌握了为收集信息所需的技能和工具。然后他们根据指导性问题找到所需的材料，并弄清楚如何制作和安装到购物车上。学生自主选择开展这项研究的方式，大多数学生决定使用教室里的传感器。该单元的科学内容部分着重于使用动量守恒和冲量公式。这样做是为了让各团队能够利用这些数据设计出一种影响碰撞的方法，同时也能构思出一种将损害降到最低的设计。

当学生能够很好地解决问题时，我开展了模板6.4中的技能检测评价。我还让他们做了模板6.5中的实验活动，涉及使用多用传感器（Vernier Logger Pro multisensor）直接测量动量和冲量。学生能够熟练地使用软件精确观察每次碰撞的影响，使用传感器收集数据。学生还须写一份完整的实验报告。

模板6.4　动量与冲量内容检测

在泳池的一天

姓名：_____

1. 一名重达68 kg的跳水运动员从10 m高的跳台上起跳，向上跳到距离跳台1 m高，然后落入水池中。他以14.7 m/s的速度入水，然后在水下用0.35 s减速至静止。水对跳水运动员施加的是什么力？
2. 在第一问中，跳水运动员跳入水中的深度是多少？
3. 在第一问中，跳台高出水面多少？
4. 一名75 kg的游泳运动员从500 kg的筏子上跳下。如果游泳运动员刚离开筏子的速度是4 m/s，那么筏子在另一个方向上的速度是多少？

附加题：游泳运动员用什么力蹬开了筏子？

> 模板 6.5　弹性碰撞实验室实验

弹性碰撞实验室

背景：F×Δt=m×Δv

正如我们所学的，冲量的释放将改变物体的动量，F×Δt 等于动量的变化量 m×Δv。通过测量碰撞过程中的 Δv、释放的力和碰撞时间，可以计算出质量，并与天平上已知质量进行比较。

目的：本实验的目的是利用弹性碰撞中的冲量来计算购物车的质量，并将其与实际质量进行比较。

流程：

1. 用胶带将 1 kg 的重物固定在购物车上，让购物车从斜坡上的不同高度沿着轨道滑行，以便找到一个好的起点。购物车不能跑得太快，因为加速计将无法准确地读取碰撞信息。

2. 在传感器上进行设置：设置为"触发"，触发值为 20 N，每秒读 5 次数，并设置为读取加速度和力。

3. 一旦读数在可接受的范围内，设置设备并进行 4 次弹性数据实验，记录数据。记住：每次都从轨道的同一位置释放购物车！必须在整个实验中保持一致！

4. 直接测量购物车的质量并记录数据。

记录从传感器上得到的原始数据，并计算 Δt 和 Δv。

实验#	Δt	F	Δv	购物车质量（根据数据计算）	实际质量（直接测量）	偏差（%）
1						
2						
3						
4						

问题：根据你们的实验报告中的数据部分来回答。

1. 造成质量计算偏差的实验不确定性是什么？

2. 根据你们团队的数据，实验不确定性能解释这种差异吗？如果需要的话，你们会如何修改实验流程以获得更好的准确性？
3. 如何改造购物车来增加 Δt？

在信息收集阶段的最后一部分，给学生时间来研究可用于挑战的材料。这些材料包括各种小弹簧、记忆泡棉、管状绝缘泡棉、塑料袋、橡胶塞和棉絮。许多团队选择开发一个流程来分别测量购物车移动过程中施加在每一种选定材料上的力。他们还选择在网上查看汽车保险杠的设计，以获得给购物车安装保护装置的灵感。

团队将在整个单元的学习中使用如模板 6.6、模板 6.7 和模板 6.8 所示的 EDP 讲义文档。但是，在模板 6.7 中找出可选方案的步骤之前，学生都以实验室小组为单位（不是 CBL 团队）或全班一起进行学习。在找出可选方案的步骤中会进行实际的设计和制造，并且从这里开始学生的设计团队会拥有充分的自主权。也是在那时，我退出教师的位置，开始扮演一个更为次要的角色。

| 模板 6.6 | EDP 讲义文档的第 1 部分 |

记录你的 EDP

CEEMS 工程设计过程图如下：

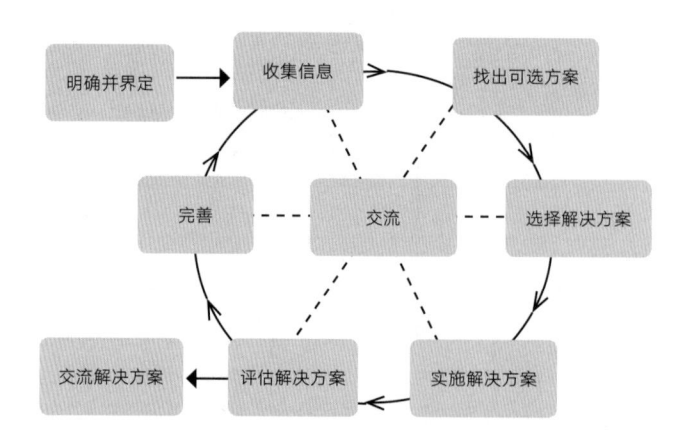

明确并界定挑战

挑战

设计和制造一种相对便宜、耐用的保护装置,安装在购物车的正面,最大程度地减少或防止汽车在碰撞中受到的损害。

限制条件

- 材料必须便宜、容易获取且耐用。
- 设计必须使用冲量和动量的原理来减少对停放车辆的损害。
- 你们的设计不能以任何方式改变车和购物车的功能或易用性,如不要将"车"(易拉罐)移开或让购物车不易移动。

收集信息

- 你们必须制作一个数据表格来组织你们对各种材料的研究结果,其中包括你们通过测试获取的传感器数据。
- 收集的信息也包括你们发现的任何其他信息,比如关于真车保险杠如何起作用的信息。将这些信息写在这里:

- 安全注意事项:请确保你们的购物车是可以安全使用的。
- 注意:你们不能使用易拉罐"车"来收集信息。当你们制造了原型后,你们才会拿到一个易拉罐。

模板 6.7 EDP 讲义文档的第 2 部分

找出可选方案
在这个阶段,根据传感器获得的信息,并考虑结构、附件或限制条件来解释你们的可选方案。你们必须提出至少两个可选方案,当然你们也可以提出更多的方案。你们可以用文字处理软件或者手绘来展示草图。 可选方案1 草图

可选方案2 草图

可选方案3 草图

选择解决方案
请说明你们将选择哪种方案，以及你们选择的理由：

模板 6.8 EDP 讲义文档的第 3 部分

实施解决方案
制造一个原型，展现更详细的设计，并完整地描述保护装置如何奏效。给你们的设计贴标签或做注释。一旦你们制造好了原型，就可以申请一个易拉罐"车"并开始测试你们的购物车啦！

评估解决方案
给出你们的原型照片并反思可以如何改进你们的原型。使用下面的测试标准，以确定原型是否可行或是否需要重新设计。 这个原型 • 能够有效地最大程度减少对易拉罐"车"造成的损害吗？ • 可以被安全地使用吗？ • 环保吗？ • 便宜吗？

改进
请在下面描述你们打算在设计中做出的所有改进：

第 6 章　将评价整合到设计挑战单元中

在设计挑战期间，我总是谨慎地用更多的问题而不是答案来指导我的学生。我发现学生倾向于在过程中"修修补补"，更喜欢去尝试没有数据支持的解决方案。在"昂贵的碰撞"单元中，我与每个团队详细讨论了"猜测和检验"方法与工程学之间的区别。我向他们强调，工程师对于设计和改进过程的每个部分都有科学合理的理由，而修补匠就没有这些。在这个设计挑战的评分规则中，修补并不会获得太多的分数（表 6.1）。

表 6.1 设计挑战评分规则

类别	4	3	2	1
标准和目标	产品满足了所有的物理标准，且很容易地满足了所描述的功能目标。	产品满足了所有的物理标准，且几乎满足了所描述的功能目标。	产品满足了大多数物理标准，但没有满足所描述的功能目标。	产品没有满足物理标准，也没有满足所描述的功能目标。
工程设计过程	工作证据表明学生完成了EDP的每一个步骤。	工作证据表明学生少完成了EDP中的1个或2个步骤。	工作证据表明学生少完成了EDP中的3个步骤。	学生的工作几乎无法证明他使用了EDP，至少有4个步骤没有完成。
EDP研讨会中的产品信息	产品与研究有密切联系，有附加的和准确的科学数据作为证据。	产品与研究有联系，有准确的科学数据作为证据。	产品与研究联系较弱，有一些科学数据作为证据。	产品与研究几乎没有联系，几乎没有科学数据作为证据。
技术细节	保护装置体现了大量的独创性和创造性，且使用方便。	保护装置体现了一定的独创性和创造性，且使用方便。	保护装置体现了学生在独创性和创造性上的尝试，但可能难以使用。	保护装置几乎没有体现任何独创性和创造性，并且难以使用。
表现	设计完好地保护了"车"，与对照"车"相比没有可见的损害。	设计很好地保护了"车"，与对照"车"相比几乎没有可见的损害。	设计在一定程度上保护了"车"，与对照"车"相比有少量可见的损害。	设计没有保护"车"，与对照"车"相比有可见的损害。
口头报告（×3）	演示和解释包括所有6个必要的组成部分，具有翔实的研究细节和证据。	演示和解释包括4到5个必要的组成部分，具有良好的研究细节和证据。	演示和解释包括2到3个必要的组成部分，具有有限的研究细节和证据。	演示和解释只包括1个必要的组成部分，几乎没有研究细节和证据。
演讲技巧	演讲清晰、简洁且吸引人，能够将科学内容有效地传达给同龄人。	演讲条理清楚且有趣、自信，能够将科学内容传达给同龄人。	演讲不够清晰，条理不清楚，一定程度上向同龄人传达了科学内容。	演讲得很差，没有向同龄人传达科学内容。

在设计和建造阶段之前我给学生提供的评分规则文档清楚地表明，学生须展示科学数据和他们的决策过程之间的联系。他们的任务是收集来自传感器的数据，以及在这一过程所做的其他研究的数据。任何人都可以在购物车上放一些泡沫垫，然后让它去撞易拉罐，这样就可以减少对易拉罐造成的损害。与研究相联系并明确地描述设计改进的基本原理，这才是真正的工程设计。

在学生提交的 EDP 讲义文档的"选择解决方案"部分（模板 6.7），他们可能会说："我们看到记忆泡棉对易拉罐的作用力从 54 N 减小到 6 N。这是我们测试过的所有材料中降幅最大的。"这就在数据和设计选择之间建立了良好的联系，比"我们选择记忆泡棉是因为感觉它是最柔软的"这样仅仅一个推测更有价值。这个文档可以让学生按照完成设计过程步骤的顺序来记录他们的工作。

整个过程可能会比预期的时间更长，因此时间的限制是教师无法避免的问题。我发现学生往往会陷入困境，想要无限地继续完善他们的设计。教师可以从一开始就限制改进的次数，并要求学生记录改进背后的科学原理，这样能够更容易地控制设计挑战单元所花费的课堂时间，也不会使学生因为没有完成任务而感到沮丧或失望，也不会导致学生无法从这一单元中获益，还避免学生空想要做什么改变，因为这样空想不节省时间。图 6.1 和 6.2 中的学生正在准备和测试初始设计。

图 6.1 学生正在准备测试购物车原型

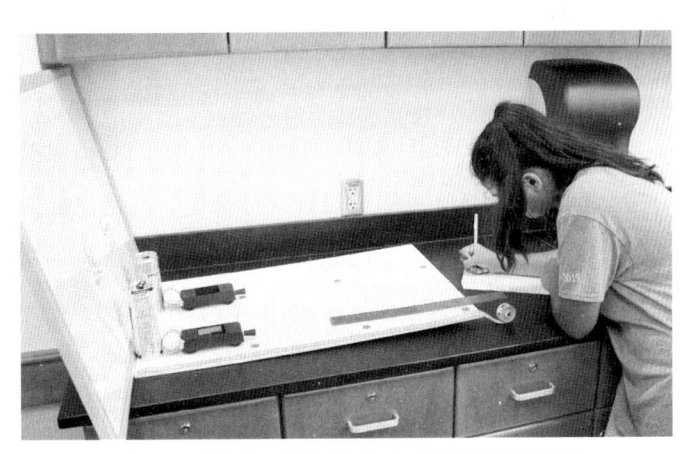

图 6.2 学生正在记录购物车原型测试的结果

我鼓励学生在云盘上与团队共享 EDP 文档，这样每个团队成员都可以贡献力量，并且保证文档的更新。有些团队指定了一个记录员来负责每节课的文档更新，而另一些团队更喜欢将达成一致的新想法交给提出建议的人来记录。借助文档可以轻松对单元推进过程中的团队运作方式进行非正式评价。我的指导包括提出如何改善组内沟通的建议。沟通是 EDP 的核心，团队内必须相互沟通，以应对设计挑战。

EDP 的最后一步是团队向全班展示解决方案（或产品）。有许多方法可以展示每个团队的工作。我用过画廊漫步、广告类型的传单、产品视频、类似于创智赢家（Shark Tank）的演示，或者标准的幻灯片演示文稿演示。这部分值得多给分。学生在阐释 EDP 和如何使用科学内容来应对挑战时获得了宝贵的实践经验。毕竟，运用科学知识和技能才是最终目标。

玛丽的故事

下一个例子来自玛丽（Pollitt, 2013）的 6 年级科学课堂。玛丽在第 4 章中分享过一个与此不同的设计挑战故事，在这次的故事中，她使用了类似的过程让学生参与进来。玛丽再次选择了她的学生通常都不感兴趣的主题，并让这个主题变得有意义。她使用了与洛丽在第 4 章中相同的课程标准和内容，但却开发了一个不同的设计挑战单元。像埃米一样，玛丽也寻求一种能够引起学生兴趣并使内容易于理解且有意义的设计。在这个故事中，她分享了如何评价学生在 EDP 过程以及构建解决设计挑战的模型中的进步。她描述道，自己没有想到学生在解决挑战的过程中会对内容掌握得那么好。

土壤过滤器

我想创建一个单元，让学生能与日常生活联系起来，并在日常生活中应用。我们学校建立了一个美国未来农民项目，许多 6 年级学生都加入了该项目。由于这个项目涉及农业教育，我了解到学生将会参与评价土壤质量。尽管几年来学生都没有机会去做这件事，但我还是想给他们一个机会。我选择创建一个涉及土壤的单元，对应州课程标准中的 6 年级岩石、矿物和土壤主题。在该单元中，学生会学习"土壤是疏松的物质，其中包含营养物质和风化的岩石"，以及"岩石、矿物和土壤常见的实际用途"（ODE, 2010: p.159）。该单元还满足了 NGSS 科学和工程学实践以及跨学科概念：构建解释（科学）和设计解决方案（工程学），获取、评价和交流信息，因果关系，以及结构与功能（NGSS Lead States, 2013）。

该单元叫做"天然水过滤器"，目标是让学生设计一种可以去除水中污染物的设备。土壤可以作为水中许多物质的天然过滤器，包括微粒、毒素、酸，甚至某些细菌。复杂的分层土壤混合物可以减缓水的流失，截留更大的颗粒并缓冲酸性土壤。学生完成挑战后，他们将掌握土壤的性质，例如组成、渗透率、孔隙度和颜色。

为了给学生做好铺垫，我用了一个叫做"水改变一切"（Charity Water, 2011）的视频作为引入。在设计挑战过程中，学生提出了一个核心问题："我们如何才能自然地滤除水中的污染物？"他们提出的挑战是设计一种可以去除水中污染物的土壤过滤器。表6.2展示了他们对科学内容和设计过程提出的指导性问题。这个故事的重点是我如何在整个设计挑战单元中整合对这些指导性问题的评估。

表 6.2 学生指导性问题

内容问题	设计问题
土壤有哪些不同的类型？	我们可以用什么材料？
土壤与水是如何相互作用的？	材料如何奏效？
你如何区分不同类型的土壤？	我们的时间限制条件有哪些？
土壤是如何去除污染物的？	我们可以花费多少钱？
	土壤如何真正地去除污染物？
	我们要如何检测过滤后的水？

第一节课叫做"确定土壤成分"，要求学生从他们居住的地方带土壤样品过来。我也带来了自己家里和度假时去过的地方的土壤，这样忘记带样品的学生也有了样品，而且我还能向他们介绍多种土壤类型。学生的学习目标是通过计算沙子、泥沙和黏土的百分比来确定土壤的成分。

在达成这个目标之前，学生须准备用于测试的土壤。为了找到这几种成分，他们需要去除土壤中所有的有机物、岩石和垃圾。他们还需要把成团结块的土压碎。学生首先将土壤干燥（图6.3），然后用研钵和杵将其磨碎。他们喜欢这个过程！（可以这么说，看到他们在泥土中玩耍真是太好了。）对于每个待测试的样品，他们必须研磨出2到3杯土壤。

123

图 6.3 学生在干燥他们的土壤样品

粉碎土壤后，他们装了 1/4 玻璃罐的土壤（图 6.4），向玻璃罐中加水，直到充满到 3/4 为止，然后添加一茶匙的粉末状无泡沫洗碗机洗涤剂。学生扣好盖子，开始剧烈摇动 10 到 15 分钟。这会将土壤分散成单个的矿物颗粒。最后，将玻璃罐静置几天以便土壤颗粒沉淀。

图 6.4 学生在把土壤倒入玻璃罐中

在等待期间，我继续上课，让学生检测了另外两个土壤特性：孔隙度和渗透率（模板 6.9 和模板 6.10）。这些是改编自教授工程学网站（Teach

Engineering; Zarske et al., 2017) 上的活动。这些活动旨在帮助学生回答两个指导性问题:"土壤与水是如何相互作用的?"以及"这个过程是如何去除污染物的?"

模板 6.9　孔隙度、渗透率探究指南

孔隙度、渗透率探究

说明：按照下面的指示来确定不同类型土壤的特性。

定义：

1. 孔隙度

2. 渗透率

预测：

3. 哪个土壤样品的孔隙度最大？渗透率最快？

数据收集：

4. 测量样品的孔隙度

- 在你的杯中倒入 100 ml 水，并在液面的位置画一条线。在数据单的总体积栏中写 100 ml，把水倒掉。
- 将第一个土壤样品装入杯中直到到达你画的那条线的位置。
- 将量筒装入 100 ml 的水，把量筒中的水缓慢小心地倒入杯中，直到水没过样品顶部。在数据单上写下量筒中剩余的水量。
- 从总体积中减去剩余的体积，这是添加到样品中的水量。在数据单上写下添加到样品中的水量，这就是孔隙空间。
- 为确定样品的孔隙度，要用孔隙空间体积除以总体积，然后将结果以百分数呈现，在数据表上记录孔隙度。(注：孔隙度 = 孔隙空间 / 总体积 ×100%)

5. 测量样品的渗透率

- 将有孔的空杯子放在空的玻璃罐上，小心地将样品倒入有孔的杯子中，这样可使水排入玻璃罐里。
- 将 100 ml 的水倒入装有样品的有孔杯子中，计算从倒入水到样品中的水流出所需的时间。将此时间记录在数据单中。

6. 其他土壤样品重复第 4—5 步。

模板 6.10　孔隙度、渗透率探究数据收集

孔隙度、渗透率探究

数据收集

土壤的位置	对土壤的观察	总体积 (ml)	量筒中剩余的体积 (ml)	孔隙空间 (ml)	孔隙度	水通过的时间 (s)
示例土壤	粗沙粒	100	70	100-70 = 30	(30/100)×100%= 30%	5

我把这个实验活动当作指导性问题的嵌入式评价。学生完成探究的"定义和预测"部分后，开始了问答环节。我向学生提出了 4 个问题"什么是孔隙度？如何计算？什么是渗透率？如何计算？"之后，学生按照指导完成了实验。在他们完成这个任务时，我经常查看各个小组的活动，检查他们实验室技能的精度和准确性。收集完数据后，学生须绘图呈现这些数据。学生绘制了土壤颗粒大小与孔隙度之间的一般关系图。他们发现"颗粒越小，孔隙度越大"。他们还绘制了土壤颗粒大小与渗透率之间的一般关系图，并得出了"颗粒越小，渗透率越慢"的结论。作为总结，学生回答了以下问题：

1. 你建议在哪种类型的土壤上设置饮用水井？
2. 哪种类型的土壤最有可能将有害化学物质转移到饮用水蓄水层中？
3. 安置饮用水井时，你会考虑哪些因素？

要求学生使用主张、证据和推理的结构构建科学解释，论证自己的答

案；要求学生在交流科学解释时，要基于批判地、有逻辑地思考，联系证据并进行推理，从而保证我能够评价学生的理解情况。

以下是学生回答"你建议在哪种类型的土壤上设置饮用水井？"这一问题的一个例子：

"我建议在孔隙度最大、渗透率最快的土壤上设置饮用水井。调查显示，黏土的孔隙度为60%，但是水通过其所花费的时间比通过其他任何土壤的都要长。沙子的渗透率为 5 cm/s。这意味着土壤顶部是黏土，中间是沙子，再往下是黏土。这样，水在黏土层会进行过滤，因为黏土具有很大的孔隙空间并且可以截留污染物。然后，水会快速流过沙子，并且会积存在其中，因为底层的黏土渗透率很慢。"

学生的回答使我感到惊讶，我没想到他们的回答会如此周密。我只是在寻找一个能指明孔隙度更大、渗透率更快的土壤类型的回答。我接受了这名学生的回答，因为他能够以有力的证据和推理支持他的主张。

现在该回到"确定土壤成分的探究"了。此时，静置的玻璃罐中的悬浮颗粒已经分层沉淀。现在学生可以通过计算沙子、泥沙和黏土的百分比来确定土壤的成分。学生拿到了装着土壤溶液的罐子、尺子、白板笔和"确定土壤样品成分"讲义的复印件（模板6.11）。

模板 6.11 确定土壤样品的成分

确定土壤样品的成分

第1部分：求出沙子、泥沙和黏土的百分比。

1. 在笔记本上做出下面的数据表格。

	量（cm）				百分比（%）				
样品的位置	沙子	泥沙	黏土	合计	沙子	泥沙	黏土	合计	土壤类型

2. 使用公制单位的尺子来测量沙子、泥沙和黏土的量，四舍五入到毫米。

3. 在数据表格中记录测量值。

4. 将沙子、泥沙和黏土的量相加，将结果记录在数据表格中。

5. 计算百分比：

第 1 步：用沙子的量除以总量。

_____ cm 沙子 / _____ cm 总量 = _____

第 2 步：将你的结果乘以 100%。

_____ ×100% = _____ % 沙子

6. 对泥沙和黏土层重复上述计算，在数据表格中记录总量及百分比。

第 2 部分：使用土壤质地三角形来确定土壤类型。

1. 在土壤质地三角形的底部找到沉积物中沙子的百分比这一数据，按照已知沙子百分比的箭头方向，用记号笔画一条平行线。

2. 对泥沙和黏土百分比重复上述操作。

3. 找到三条线相交的位置，将土壤类型记录在数据表格中。

　　学生用白板笔标明在玻璃罐中发现的各土壤层：沙子、泥沙和黏土。他们测量了每一层（图 6.5）并将结果记录在数据表格中。为了求出百分比，他们求出了 3 层的总和。我给学生做了如何计算百分比的额外指导，但学生仍然在如何用分数求出百分比这件事上存在困难。他们在数学课上只是学习概念，因此这对他们来说是一种拓展。当学生在执行该部分任务时，我观察到他们使用了数学、工具和技术来收集数据，我可以以此来评价他们的实验室技能。我以为学生会难以区分沙子、泥沙和黏土。但是，我发现他们可以在没有我指导的情况下进行推断并利用他们对土壤粒度的先验知识。

图 6.5 学生在测量土壤层

　　接下来，该课程要求学生使用土壤质地三角形（图 6.6）来确定土壤类型。我与每个团队合作，并向他们展示如何使用和阅读土壤质地三角形。学生将他们从玻璃罐沉积物中计算出的沙子百分比与图中比较，并标出该数字在土壤质地三角形中的位置。重复该过程，计算泥沙和黏土百分比。将 3 个百分比全都标出来后，学生按照三角形每条边对应各百分比的线，找到这些线相交的位置，这就是他们制作的土壤样品的土壤类型。刚开始，学生还难以找到图表上每个百分比对应的线。通常需要两到三遍才能做对。一旦他们弄清楚了，许多学生就会想要在规定的最低任务量之外找出更多的土壤类型。我认为我此前从未有过这种学生完成预期任务后他们还想做更多任务的经历！对于想要多做的学生，我给了他们一个工作单，让他们练习查找沙子、泥沙和黏土的百分比并给土壤类型命名。问题的复杂程度随着解决过程而增加，甚至有一个模块让他们自己制造难题，这就好像他们在玩游戏一样。学生拿着他们提出的难题互相提问。这节课简直太好玩了！学生积极地参与进来并且掌握了教学内容。

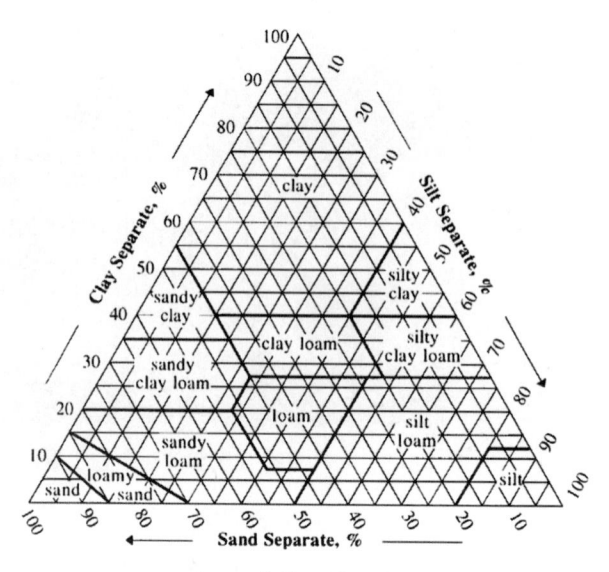

图 6.6 土壤质地三角形

  现在就可以让学生将他们学到的知识应用于设计土壤过滤器来滤除水中污染物的挑战了。他们需要过滤紫色的水（用葡萄味的饮料制成），其中含有多种物质，例如小粒碎屑和醋。由于过滤器中土壤成分的不同，流出来的水会是紫色的、粉红色的、绿色的、浑浊的或清澈的。几乎所有类型的土壤都被过滤掉了碎屑，而这取决于土壤粒度和碎屑间的相对大小。

  最终要求是让水回到碱性 pH 值。虽然学习酸和碱是 7 年级课程标准的要求，但我觉得这是一个很好的拓展机会。学生用试纸确定溶液的碱性、酸性或中性。学生自己研究确定土壤的 pH 值。这一部分挑战由学生来完成。

  为了完成整个过程并评价学生的学习情况，我创建了一个改编 EDP 的讲义文档集。每个模块都以教师的检查节点作为结束。这使我能够检查学生的理解情况或错误概念，提供即时反馈并提高学生的参与度。全班学生确定了设计挑战的标准和限制条件，我为他们提供了可用材料的清单，学生独立完成"收集信息"部分。当我检查所有团队成员的 EDP 讲义后，他们便可以进入下一步——找出过滤器的可选设计方案（模板 6.12）。

模板 6.12 带有教师检查节点的 EDP 文档样本

工程设计过程

找出可选的设计方案。

每个团队成员将轮流分享设计想法。

团队一起决定 3 种可能会进一步考虑的设计方案。然后完成下面的优缺点表格。

设计草图 （带注释）	设计的优点	设计的缺点
设计#1		
设计#2		
设计#3		

停！教师检查

3 名学生组成的一个团队，决定 3 种（每名学生 1 种）可能会进一步考虑的设计方案。他们完成了模板 6.12 讲义的优缺点表格，并绘制了设计草图。我告诉他们，每个成员的设计都必须吸纳其他成员的想法。这会让最终产品不再是某个学生的设计，而是集体努力的结果。EDP 中下一个阶段是选择一个设计方案。每个团队都选择了一个特定的设计进行测试。为了评价这部分内容，我要求学生对选择这个特定设计的原因做出解释（主张、证据和推理）。这个解释必须包括所需材料的清单、带注释的草图以及构建设计的流程。

此时，学生处于 EDP 的实施环节。这些团队依据他们的计划，使用已有的材料，构建了设计的原型。同时，我在教室里四处走动，确保这些团队在严格执行他们的设计计划，因为许多人在测试前就想做出改动，尽管这时并没有数据来支持这些改动。

在评价过程中，我考查了学生创建数据表格和记录数据的能力。如果他们对需要执行哪些测试感到困惑，我会让他们参考"设计挑战评分规则"的类别部分（表 6.1）。对于那些在创建数据表格方面遇到困难的学生，我提供了一个已建好部分内容的表格。学生须以图表来呈现数据。

EDP 的最后一部分是交流解决方案。为此，学生准备了简报。他们制作了演示文稿，每个演示文稿中都包含以下内容：标题页，团队名称，一张过滤器的图片，一个带注释的草图，做过的改动、提过的建议和出现过的问题，数据和分析，相关的 STEM 职业，一份实验室报告，以及对核心问题的解释。表 6.3 是用于评价他们演示文稿的标准。

表 6.3 学生演示文稿的评价标准

标准	3	2	1	分数
界定难题并对解决方案进行头脑风暴	对待解决的问题有清晰的理解。独立对解决方案进行头脑风暴。	需要一些教师指导来界定难题，并对可能的解决方案进行头脑风暴。	需要大量的教师指导来界定难题，并对可能的解决方案进行头脑风暴。	
作为团队成员进行工作	合作得很好。所有团队成员都参与进来，并坚持完成任务。	一些团队成员偶尔会脱离任务。	大多数团队成员经常脱离任务，没有充分合作或参与。	
使用设计过程	团队头脑风暴得出了许多设计思路，并对设计进行了测试和改进。最终的设计已完成或接近完成，并展示出创造性的问题解决过程。	团队头脑风暴得出了设计思路，但需要一些教师指导才能完成测试并展示问题解决过程。	团队头脑风暴几乎没有得出设计思路，也几乎没有进行测试或重新设计。最终的设计缺乏清晰的设计思路。	
对科学与工程学的展示	团队对解决方案进行了强有力的介绍，并清楚地展示了对科学概念和设计过程的理解。	团队对解决方案进行了基本介绍，并展示了对科学概念和设计过程的基本理解。	团队对解决方案的介绍没有说服力，几乎没有理解科学概念和设计过程。	

第6章 将评价整合到设计挑战单元中

标准	3	2	1	分数
产品	团队成功创建了一个可以去除水中污染物的土壤过滤系统。	团队创建了一个接近可以去除水中污染物的土壤过滤系统。	团队未能创建出一个可以去除水中污染物的土壤过滤系统。	
交流/展示	团队创作了一个6页幻灯片的演示文稿。	团队创建了一个6页幻灯片的演示文稿的基本书面报告。	团队的6页幻灯片演示文稿制作得很差。	

在聚焦课程内容开展设计挑战的过程中，我的学生都有出色的表现。我曾经还担心学生会无法利用土壤的特性来帮助他们完成挑战。好吧，他们证明我错了。我发现跟平时相比，我给更多的班级提供了拓展问题。学生有效地绘出了他们的草图，并确定了他们想要放入过滤器中的每种土壤类型的百分比。他们的测量是准确的。我问他们为什么要测量容器的体积，他们回答："我们不想弄错百分比。"他们正在学习这些教学内容，而我却变得很难跟上他们的思路！举一个例子，一个团队想用壤土作为他们的土壤过滤器，但是没有可用的壤土。团队中的一名学生回应道："那我们就把壤土制作出来吧。"他向团队解释说："壤土是等量沙子、泥沙和黏土的混合物。"该团队通过介绍壤土在孔隙度、渗透率和pH值之间的平衡性，证明了使用壤土的要求是合理的。

整个单元贯穿的多种形成性评价，例如研究孔隙度和渗透率，计算沙子、泥沙和黏土的百分比，以及确定土壤类型，都揭示了学生正在掌握这些内容，正在开展NGSS实践。

我让学生做了最终的总结性评价测试，共11道题，包括多项选择题和拓展题。除1名学生外，其余学生均通过了考试，并且所有学生均比前测有进步。显然，我的学生对土壤特性的理解得到了提升，而我在设计挑战期间收集的定性数据更有价值。我发现课堂上进行了更多的批判性思考和合作。花在设计挑战上的时间也让学生对教学内容的掌握更深入，并让学生寻求更多的知识。这是一位教师能给学生的最好的东西！

凯文的故事

像科学教师一样，数学教师也常常难以找到能够向学生展示数学在日常生活中十分有用和实用的情境。凯文（Tucker, 2012）是一位郊区高中的数学教师，该校有着多元化的学生群体，其中包括许多新移民。凯文为自己的微积分先修荣誉课堂创建了一个结业项目，这仅是一个转折点。他要求学生进行设计挑战，创建一个数学模型模拟如何击中 40、60 和 90 码（1 码≈ 0.91 米）以外的靶子。更具体地说，教师是靶子，用来打靶的工具是水气球弹弓。

凯文要求学生学习和应用具体的数学知识来解决这一单元中的设计挑战。学生提出的指导性问题帮助他们确定了需要知道哪些知识。凯文还利用了一些工具来帮助自己教授内容并评价学生的学习情况。凯文采用了多种方法让评价嵌入到单元中，使评价具有真实性并指向合适的学习目标。他最开始给学生进行了一系列的形成性评价。当学生更加投入地应对设计挑战时，凯文便使用软件来处理模型数据并绘图。在凯文的故事中，他描述了他创设设计挑战、EDP 组分以及学生评价的方法。

水气球弹弓

我的单元目标是在真实情境中整合尽可能多的微积分主题。但是首先，我了解了一些背景信息。我用"3 人水气球弹弓"进行了最终的设计挑战。水气球没有飞得像他们说的那么远，但是也足够了。我采用的是 40、60 和 90 码的距离，因此发射器必须具有长距离的射程。我是在橄榄球场上发射的，因此不必提前测量距离。这也意味着我们所有的测量都是以英尺（1 英尺 = 30.48 厘米）为单位进行的。我使用的是借来的超长卷尺，而学生使用的是手机上的秒表。

我的设计挑战单元涉及的《州共同数学核心课程标准》内容如下所示：

- HSN-VM.A.2：用向量进行表示和建模 —— 求出向量的分量。
- HSN-VM.A.3：用向量进行表示和建模 —— 解决涉及速度和其他可由向量表示的量的问题。

- HSF-IF.C7：使用不同的表示方式分析函数。
- HSF-TF.B.7：使用三角函数对周期性现象进行建模。
- HSF-TH.C.9：证明并应用三角恒等式。

为了将评价整合到我的单元中，我希望学生能够实际操作，以此为出发点，我让学生在不同距离处用水气球弹弓击中靶子。靶子其实是坐在水桶上的我。由于我将此设计挑战作为微积分先修课程的结业项目，因此学生需要学习多个数学概念。必学的数学知识包括：

- 分向量，包括将速度分解为水平方向和垂直方向的向量；
- 方程组（一个二次的和一个线性的，描述 x 和 y 的位置）；
- 三角恒等式，包括用反三角函数求解击中靶子所需的发射角度。

设计挑战的每个主要部分都包含着评价，确保学生在项目中所学的数学知识可得到测评。

我从一个引入开始了设计挑战：播放"扔南瓜世界锦标赛"的视频片段。我还播放了一些电影片段，例如《风语者》（Windtalkers, 2002）中演员们要进行一次军事迫击炮袭击。这些片段引出了一个核心问题："我们可以在已知距离内击中靶子吗？"由此，我们针对挑战提出了 5 个指导性问题：

1. 为了击中靶子，我们需要知道什么？
2. 在测试发射器并收集数据时，我们需要保持什么恒定不变？
3. 有哪些我们无法控制的因素，以及我们如何将它们的影响降到最低？
4. 我们如何对抛射物的运动进行建模？
5. 我们需要做些什么来解决角度的问题？

个别的指导性问题推动了内容需求和评价。我让全班学生完成了一次形成性评价（模板 6.13 所示），以便检查他们对挑战的思考。

| 模板 6.13 | 凯文的挑战预评价 |

姓名_____

单元预评价

你和你的朋友决定去买巨型弹弓。你对它进行了测试，当你把弹弓拉长 10 英尺时你会发现以下事情。

试验	距离（英尺）	时间（秒）	速度（英尺/秒）
1	72	0.48	
2	76	0.5	
3	73.5	0.49	
4	71	0.48	
5	80	0.5	

1. 你会用什么数值来表示水气球的速度？

2. 你在朋友家，你家院里有棵树。你估计这棵树在 552 英尺外。假设你的朋友将弹弓的末端拉到距离地面 6 英尺的地方。你以什么角度发射水气球能击中这棵树？答案里一定要包括推理步骤。如果你使用图形计算器，请写下需要遵循的步骤。

3. 水气球在空中停留了多长时间？

4. 水气球走了多远？

5. 水气球飞到多高？

6. 你的父母在房子的另一侧，距房子 50 英尺。如果屋顶高 40 英尺，水气球会击中他们吗？论证你的答案。

在这之后，我让学生想象一下，抛射物的路径是什么样的。我还告诉他们，当他们观察到抛射物在空中移动时，要主动眨眼。我提问道："你们看到了什么？关于这条路径你们注意到了什么？"我利用可视化练习从物理角度定义了基本分向量。向学生展示了以下公式：

水平距离 = $(v_i \cos\theta) \cdot t$

垂直高度 = $-16 \cdot t^2 + (v_i \sin\theta) \cdot t + h_i$

v_i = 速度（英尺/秒）

t = 时间（秒）

θ = 发射角度（度）

h_i = 抛射物的初始高度（英尺）

各团队必须考虑如何控制发射器。从预评价到讨论的过程中，学生意识到他们可以控制发射器的速度、角度和初始高度。而这3个可控因素将决定抛射物行进的时间和距离。这是第3个指导性问题的检查节点。

对于第2个指导性问题，我们用速度一致来处理。为了使挑战发挥作用，学生须弄清楚如何让所有试验的速度保持一致。在出去测试之前，这些团队完成了模板6.14中的讲义，以形成保证速度一致的流程。团队必须了解，弹弓中弹弓带的弹性能会使得物体在被释放时以一定的速度推进，并且要想保持这个速度恒定的话，他们每次都须将弹弓带拉伸相同的距离。如果他们不仔细测量距离，将无法获得一致的结果。

模板 6.14　求出发射器的初始速度

姓名_____

发射器的初始速度

团队须设计一个流程来计算发射器的初始速度。

要考虑的事情……

你们要尝试求出什么？

_____

_____

有什么量是必须保持恒定的？
_____
_____

你们会如何计划以保持它们恒定？
_____
_____

你们要收集多少数据？
_____
_____

速度是多少？
_____
_____

1. 写下团队流程，详细一些，能让教师据此重新创建此流程并获得相近的结果。

2. 收集你们的数据，用表格呈现数据。

3. 解释你们团队收集到的数据。

4. 你们的发射器的初始速度是多少？

  我的学生遇到的一个典型问题是如何找到一种精确的方法来标记和测量水气球的行进距离。例如，许多学生用坑槽标记水气球的初始落地点。然后，一些学生测量了从发射器到坑槽边缘的距离，而另一些学生测量的是到坑槽中心的距离。这就要求我和学生就精度话题开展后续的交流，我询问他们是否可以保证距离是 x 英尺，或约为 x 英尺。然后我问道："使用'约为 x 英尺'的话是否能保证结果的一致？"我们讨论的另一个问题是如何控制发射水气球的角度。学生已经确认角度是能够控制距离的。在试验中，我告诉他们最有效的方法是我们在 0° 角水平发射水气球。这样，学生就不用在每次试验时都测量角度，导致数学运算复杂化。实际上，学生无法完美测量出 0° 的角度。但是，如果他们能控制在 5° 角以内，那么超过 99.6% 的速度都会在 x 方向上。

我让所有团队进行了 10 次试验，并填写了数据图表。在制定了流程并获取了 10 个试验的数据后，学生必须计算平均速度。由于大多数团队都以 0° 角发射，所以他们简单计算了距离 / 时间。以 0° 角发射很有帮助，学生从中发现水气球实际上会受到风的阻力，因此从一开始就须考虑这一点。所有团队都考虑了如何解释或量化风的阻力，但是很难对它进行计算和测试。学生意识到这个限制条件可能会使得到的结果与从模型获得的结果接近，但不能 100% 匹配。我觉得对于学生来说，重要的是要通过实时学习来掌握这一局限性，并理解其影响显著与否，以及相应的原因。从这一点出发，学生必须考虑他们的结果一致性和存在的局限性。这项评价和自我评价很重要。如果学生的流程是不一致的，那么他们的数据也是不一致的。

接下来，我们通过创建以距离为 x 坐标、高度为 y 坐标的数值表格来探究先前确定的参数方程。当我第一次开始教授这部分内容时，我让学生创建数值表格并手动绘制。下一次时，学生使用了电子表格软件来帮助加快这一过程。他们用相同的初始高度和速度绘制了几种角度不同的情况。模板 6.15 是学生填写的表格示例，然后他们使用散点图功能进行了绘制。

模板 6.15　在给定时间内记笔记并练习计算

给定的速度为 80 英尺 / 秒，最终的两个方程为：

水平距离 = 80 · cosθ · t

垂直高度 = -16 · t^2 +80 · sinθ · t + 15

让我们用 15° 角看看会发生什么。

水平距离 = 80 · cos15° · t

垂直高度 = -16 · t^2 +80 · sin15° · t + 15

现在根据给定时间完成这个表格。

时间（秒）	水平距离（英尺）	垂直高度（英尺）
0		
0.5		
1		

时间（秒）	水平距离（英尺）	垂直高度（英尺）
1.5		
2		

学生可以进行15°、25°、45°、60°和75°角的计算。我让他们将各个角度的图表放在另一张工作单上。随着角度的增加，抛射物在空中的行进时间加长，他们得扩充表格来记录更多的时间数据。我告诉学生把第一次高度为负数的数据包含进去，以便他们可以看到抛射物何时撞击地面以及撞击的位置。我们使用软件来加快表格数据的计算和绘图速度。学生分享了他们的电子表格以及问题的答案，包括抛射物击中地面的时间（二次方程的使用）和最大高度（顶点x坐标为 –b/（2a）的使用）。我将电子表格作为一次形成性评价。

我尝试将许多概念联系在一起，包括分向量、二维运动、二次方程、线性方程和方程组。查阅图表和对问题的解答，让我能够和各团队单独通过讨论来阐明问题或错误概念。一个常见的错误概念是：随着角度的增大，抛射物会抛得更远。对于某些学生而言，看到数据之后对这种理解的错误之处就会变得显而易见。我还与学生讨论了什么时候适合对答案进行四舍五入，以及在挑战的情境中这种答案的意义。

模板6.16包含了我让学生完成表格后回答的问题。我希望他们在改变发射角度时看到距离和高度方程之间的联系，将二次方程与线性方程和方程组联系起来。随着角度的增加，抛射物在空中的时间也会增加。这有助于认识到这样一个事实，那就是45°角时会出现最大距离，在此之后距离会减小。

模板6.16 用电子表格软件分析数据

在电子表格软件中的图表上绘制练习表中的点，以下提示将有助于你展开分析。

1. 查看你的图表以估计抛射物落到地面时行进的距离。

2. 为了求出实际距离，我们必须先求出抛射物落到地面所用的时间。由于高度方程是一个二次方程 $h = at^2 + bt + c$，我们可以用二次公式 $t = \frac{-b \pm \sqrt{b^2-4ac}}{2a}$。

3. 计算以下5种情况中抛射物落到地面的时间。请注意，要保留尽可能多的小数位。

   垂直高度 = -16·t^2 +80·sin15°·t + 15，时间是_____。

   垂直高度 = -16·t^2 +80·sin25°·t + 15，时间是_____。

   垂直高度 = -16·t^2 +80·sin45°·t + 15，时间是_____。

   垂直高度 = -16·t^2 +80·sin60°·t + 15，时间是_____。

   垂直高度 = -16·t^2 +80·sin75°·t + 15，时间是_____。

4. 当我们知道了时间后，就可以将时间代入水平距离方程求出总的行进距离。将你的答案与实际答案进行比较。

   水平距离 = 80·cos15°·t，总的行进距离是_____。

   水平距离 = 80·cos25°·t，总的行进距离是_____。

   水平距离 = 80·cos45°·t，总的行进距离是_____。

   水平距离 = 80·cos60°·t，总的行进距离是_____。

   水平距离 = 80·cos75°·t，总的行进距离是_____。

5. 估算每个图表的最大高度。想一想如何用数学方法求出这个高度。你须怎么做才能解决这个问题？你需要了解什么？什么时候出现最大值？

6. 关于轨迹的角度，你能得出什么结论？关于图表你注意到了什么？你认为哪个角度会出现最大距离？你怎么知道的？

接下来，学生进行了与x和y分向量及方程组相关的计算，以求出击中靶子所需的发射角度。根据他们在设计模型时所做的选择，每个团队都有不同的初始速度和初始高度。这些团队之间唯一的相同之处是行进距离（120英尺、180英尺和270英尺）。这些团队首先通过虚构的数字进行了练习。他们的工作是独立进行的，我会用提问和演示文稿微型指导课来引导他们正确地完成任务。

在求解角度的过程中，学生须使用毕达哥拉斯三角恒等来得出一个由单一三角函数表示的二次方程，再用二次公式和反三角函数求解。然后，他们可以使用在项目中电子表格软件部分学到的技能自行检查他们的解决方案。这是对第 5 个指导性问题的评价。

这一单元设置的设计挑战是基于已构建的数学模型建立一个发射平台。学生须测量并控制指定的常数。他们必须使弹弓的弹力保持一致，这样速度才能保持一致。他们还得保持初始高度恒定。为此，学生必须根据自己的设计构建参数方程。最后，学生通过应用上节课推导出的方法求解方程组，然后使用电子表格软件检查其作业并绘制抛射图。

设计挑战的总结性评价分为两个部分。第一部分是随堂测验。学生得到了重新设计过程所需的信息，以显示他们可以通过数学来解决问题。第二部分是在我们进行发射操作的那天。对于发射任务，学生必须提交计算击中目标所需的 3 个角度的数学运算过程。他们还必须提交有关发射特点的信息，包括初始速度和初始高度。他们的成绩取决于抛射物与靶子的接近程度。图 6.7 展示了学生在准备水气球，将用于测试他们的设备。图 6.8 是作为靶子的教师（我）。对于学生来说，向距其 90 码的教师（我）发射水气球，并且他们做的数学运算能帮助他们击中目标，这就像在寒冷的天气里泡一个温水澡，真是世界上最好的感觉。当我回看这些图片时，我仿佛可以听到欢呼声。

图 6.7 学生在为最终发射准备水气球

图 6.8 在教师（我）面前炸开的水气球

总结和要点

显然，埃米、玛丽和凯文为所开发的单元设计了合适的内容，可以辅助学生成功应对设计挑战。但是，他们也意识到有必要制定和评估课程的预期内容。关键在于，设计挑战能够培养学生的知识和技能，学生成功完成挑战的同时，为他们必须参加的任何一场学业测试做好准备。每位教师都仔细考虑了如何创建能适当应用于整个设计挑战的有意义评价。通过这些评价，教师对学生的内容掌握和解决问题的能力有了深刻的印象。每位教师还看到设计挑战如何改变了学习环境，使学生对自主学习更加负责。设计挑战有效地拓展了学生的传统学科知识及其技能和实践，还改善了学生的元认知、执行功能和自我调节策略，使其成为自主学习者。

本章的要点包括：

1. 在开始单元学习之前，有必要仔细描述要落实和学习的课程标准和实践。

2. 选择重点目标进行形成性和总结性评价。

3. 整个单元需要进行广泛的评价以监控学生的学习情况，包括对错误概念和/或准备活动的预评价、设计过程中的检查节点评价、对基本流程或计算的测验、学生记录重要信息的讲义，以及聆听团队的对话/解释。

4. 在设计挑战中，最终产品不应仅仅是记录下来的"分数"。

5. 使用设计过程，尤其是评价和迭代，以发展学生的自我评估技能。

参考文献

Charity Water. 2011. Water changes everything. YouTube video.

NGSS Lead States. 2013. *Next Generation Science Standards: For states by states.* Washington, DC: National Academies Press.

Ohio Department of Education (ODE). 2010. Ohio learning standards for science. ODE.

Pollitt, M. 2013. The natural water filter. Cincinnati Engineering Enhanced Mathematics and Science Partnership, University of Cincinnati.

Tucker, K. 2012. One shot one kill. Cincinnati Engineering Enhanced Mathematics and Science Program, University of Cincinnati.

Zarske, M. S., J. Yowell, and M. Straten. 2017. Hands-on activity: How full is full? TeachEngineering, University of Colorado.

第 7 章 通过设计挑战单元发展 21 世纪技能

新的《州共同数学核心课程标准》和 NGSS 通过转变当下的教学方法和阐明 21 世纪学生的需求，以实现更有效的教学。具体而言，它们呼吁开展"以学生为中心的学习，确保学生除了学习重要的科学概念，还能够自主思考、解决问题、交流和合作"（NGSS Lead States, 2013）。通常，教育工作者会将这些目标以及数学和科学课程标准与实践认定为"21 世纪技能"，这些内容在我们开发设计挑战单元所用的模板中有所体现。

美国国家教育协会（National Education Association, NEA）将 21 世纪技能总结为"4C：批判性思维（critical thinking）、交流（communication）、合作（collaboration）以及创造与创新（creativity and innovation）"（2016）。教师开发和分享的设计挑战单元全都明确包含 4C。本章重点介绍每个 C 在设计挑战中的作用，然后通过分享两个故事来解释教师是怎样将 4C 紧密地整合和落实到设计挑战单元中的。

第 1 个 C 是批判性思维，意思等同于问题解决。NEA（2016）将批判性思维定义为"能够有效推理、使用系统思维、做出判断和决策以及解决问题"（p.8—9）。不论是以团队形式还是个人形式，学生在 EDP 循环学习中必须要有批判性思维。从在引入和挑战中确定难题开始，学生必须理解如何从大规模系统中剥离出与此相关的特定问题。在收集信息的过程中，学生须判断和决定哪些信息源是相关的或真实的，而哪些信息源是无关的或不真实的。同样，找出替代解决方案和选择符合初衷的设计或解决途径也要学生进行判断和决策。这是一个复杂的过程，学生须调动先验知识，筛选成功概率最高的设计并证明其合理性。

第 4 个 C 的意思是进行创造性和创新性的思考，包括能够"使用多种创意技巧，提出有价值的新创意，通过对初始想法进行精炼、完善、分析和评估，使创造性工作得到最大程度的改善"（NEA, 2016: p.26）。这些技能与教师用来吸引学生的 EDP 完全一致。具体来说，在测试初始设计后，学生能通过分析结果来确定如何改进方案，从而获得更好的效果。初始设计有可能根本不可行，学生须将其推翻重来，或者初始设计可能在某种程度上来看是成功的，但学生可以对其进行改进以获得更好的结果。因此，工程设计挑战单元的整个实施过程都涉及创造和创新。

第 2 个和第 3 个 C，即交流与合作，贯穿于所有的教师故事中。当教师有意识地将课堂环境转变为以学生为中心的环境之后，交流与合作就会成为学生学习经历的一部分。通过以下方式学生可以实现有效的交流与合作:（1）利用团队及团队策略,（2）最大程度地应用电子文档等交流工具,（3）向全班正式介绍和展示发现。此外，设计挑战还经常涉及技术的使用，如埃米班级使用多用传感器，或斯蒂芬妮班级使用学生版笔记本电脑，再或者凯文班级使用用于做图的电子表格。

在本章中，布兰迪（Foster, 2014）和莱斯莉（Lyles, 2015）详细介绍了用来发展和支持学生交流与合作技能的特定策略，这些技能是她们的设计挑战单元的一部分。与本书介绍的其他设计挑战一样，本章介绍的挑战也要求学生在设计解决方案时积极运用批判性思维和创造力。

布兰迪和莱斯莉都任教于城市中学。布兰迪教 8 年级物理，莱斯莉教 7 年级和 8 年级代数。在第一个故事中，布兰迪详细介绍了如何使用她在第 5 章介绍过的合约来支持发展学生的 21 世纪技能。

第 7 章　通过设计挑战单元发展 21 世纪技能

布兰迪的故事

学生合约

在第 5 章中，我介绍了设计挑战单元"混凝土决策"以及 EDP 在挑战中的作用。在那一章中，我提到了使用合约来定义学生的角色和责任。这份合约有标准格式，我在所有的探究活动中都会使用它，包括设计挑战、实验室探究、项目和实验。我发现合约的结构能够辅助学生完成设计挑战要求的所有任务。在这个故事中，我会对合约进行更深入的描述。

作为一名科学教师，我希望学生能够实施各种各样的探究，哪怕只是整理了厨房中的化学物质。这些探究包括复杂的设计挑战、拓展实验、项目以及为期一天的实验室活动。对于所有探究活动，我都会让学生完成我规定的"合约"（模板 7.1）。请不要把它当成那种规定了"你要做什么，我要做什么"的一般合约。相反，这份合约要求学生概述探究活动的各个方面，无论他参与的是设计挑战还是实验室探究。尽管这份合约可以很好地适用于各种探究，但此处我只描述我是如何在设计挑战中使用它的。

模板 7.1　团队合约

团队合约

I. 团队成员

角色	团队成员
项目经理：负责管理团队和时间。维护团队资料夹，组织文字工作并与教师交流。	
材料经理：负责材料。保持桌面整洁有序，负责在每节课结束后的清理工作和材料收集。	
技术经理：负责实验数据的收集和整理。	

147

II. 项目目标 / 任务

1. 这个项目的主要科学目标是什么？

2. 在这个项目中，你认为必须做哪些事情才能成功完成该项目？

III. 团队协议

1. 每个团队成员每天必须履行个人职责。

2. 每个团队成员必须完成规定的课堂作业和家庭作业。

3. 如果团队成员缺席，他必须在上课前联系团队，并为缺席做出弥补。缺席不能免除该团队成员的职责。

IV. 问责制

项目经理负责保证团队完成工作，可以使用该部分向未完成规定任务的团队成员发出违规警告。教师必须签字确认这些违规行为是否合理。收到违规警告的成员会在总分中被扣分。

团队警告	日期	教师签字	团队警告	日期	教师签字

使用以下数字代码来标识违规行为。如果有未列出的违规行为，请在下面补充。

1—缺少参与　　　　　　　　4—经常缺席

2—找不到资料夹　　　　　　5—未完成规定任务

3—资料丢失

V. 团队签名

姓名（打印）	签名

第 7 章　通过设计挑战单元发展 21 世纪技能

我的设计挑战都包含 3 个基本部分：某种类型的写作（基于研究）、展示以及实施 EDP 后得到的产品和 / 或实验作品。合约的使用帮助我将这些工作内容分解，学生也不会困惑于他们要做什么。我之所以这么做，是为了避免出现下面这种对话。

多米妮克（Dominique）："约翰（John），你完成你应该做的任务了吗？"

约翰："我应该做些什么？他们什么都没让我做啊。"

我参考了由新技术网络（New Tech Network, 2014）制定的合约，并做了一些修改和补充，从而形成了我的标准合约。我设计和定义了一些特定的角色，并让学生进行选择。我还建立了问责制，让学生明确不履行上述工作的后果。合约角色共有 3 个：项目经理、材料经理和技术经理。

我尝试使用那些学生会在实际生活中听到的职位名称来给角色命名，因为被称为经理会使学生感到自己很重要。我还让每个角色都具有独特性，这样，学生就不会说自己无事可做了。

在具体介绍合约的各部分内容之前，我先简要介绍一下团队的组建。为了让合约能够行之有效，学生必须进行团队合作。不过，如果学生认为团队的组建是不公平的，可能会引起公愤和抱怨。随着时间的推移，学生会更加了解彼此，团队决策也会进行得更加顺畅。但是，至少在第 1 次的时候，是由我来负责组建团队的。我喜欢用那种随机抽牌的策略。操作方式为：学生在上课时会抽取一张纸牌。我会按照每个团队的学生人数预先整理好这些卡片，以便顺利组队。学生抽取卡片后，我让所有抽到骑士牌的学生坐在一起，抽到皇后牌的学生坐在一起，依此类推。这种组队策略适用范围非常广。你可以让学生随机选择彩色弹珠、各种剪纸等。尽情发挥你的创造力吧！

第 1 部分：团队成员

项目经理：大多数好管事的学生都想要这份工作，因为这个角色是团队的总经理。有时候，我会改变各角色的工作内容以适应特定的挑战，但是在大多数情况下，这个角色都会负责推进工作。项目经理要负责确保书面工作能够按时、按要求完成。他是记录员，要确保团队的所有文档都是最新的。他要促成团队的讨论，管理时间，并决定什么时候该做什么事。

这是唯一一个可以与我讨论挑战的角色，这样一来减少了团队提问的次数。我每周都会与所有项目经理开会讨论项目的进度和团队问题。如果团队不和，则项目经理要负责解决分歧。如果团队不能完成任务，项目经理就需要和区域总监（也就是我）安排一次会议来解决这个问题。

项目经理还可以对 EDP 循环中产生的额外工作进行委派。如果某项任务不属于其他经理的业务范围，那么项目经理要么自己完成这项任务，要么把它委派出去。项目经理的定位会随着项目和需要完成的工作发生变化，但通常由他负责做展示。项目经理可以决定参与展示的团队成员以及他们的分工。展示的方式和内容由整个团队决定，但项目经理要确保任务能及时完成，并按时提交和展示。

材料经理：材料经理是小组的建设者，负责保障团队完成工作所需的一切东西。我的设计挑战会要求学生制作一些产品，因此担任这个角色的学生是材料的收集者。他要确保工作区的整洁干净，并将团队产生的废物放置在安全的指定地点。如果挑战中需要做实验，那么这位经理要负责为该实验获取材料并按量配给。在开始挑战中的建造任务前，他要负责准备好草图并做出合适的标记，还负责为建造工作获取所需的材料。材料经理须研究材料，并写出为什么要使用这类材料而不是其他材料。这个角色也可以根据项目而改变，但在大多数情况下，材料经理需要负责确保材料是安全的而且随时可以使用，还负责详细记录过程和材料清单，以便项目经理将其添加到团队资料夹中。

技术经理：这个角色是负责数据处理和分析的。如果挑战中需要建造某些产品，那么这位经理就是在建造周期中做测量和标注尺寸的人。技术经理会进行试运行，并收集和记录测试数据。他可以让团队了解某件事情是否可行。如果团队正在开展实验性挑战，那么技术经理和项目经理要共同做实验，共同负责数据的收集、整理和分析，以及将数据转换为某种类型的图表。技术经理与材料经理合作构建产品。如果团队在完成制作类型的挑战，则团队需要在技术经理的指导下制作原型和最终产品，并由项目经理完成写作部分。

第Ⅱ部分：项目目标/任务

我认为合约的这一部分可用于回答"我们正在做什么？为什么要做？"这类问题。一旦学生拿到了自己的角色，我就可以让他们讨论接下来要做什么。在向学生介绍设计挑战探究时，我会用一个与设计挑战单元大概念有关的引入，让学生为即将学习或要做的事情兴奋起来。引入部分结束后，学生讨论我提出的问题。这是提出核心问题的第一步，用于建构设计挑战。我发现大多数时候，学生的思维过程是相同的，因此他们头脑风暴后得出的问题是相似的。有时，我们会把一些最常见的问题合并为一个核心问题。然后，我会基于这个核心问题让全班学生给挑战投票。投票结果通常一致通过。

这时，我可以检查学生是否理解了设计挑战，让他们有机会构建指导性问题。指导性问题重点关注他们为完成挑战所要理解的知识。这些问题会写进合约的第Ⅰ部分。学生在通过挑战不断取得进步的过程中，应当回答指导性问题，并且针对每个问题给出一个明确的结果。这些结果将写进合约的第Ⅱ部分。我让团队构建自己的指导性问题，然后我和团队将他们最迫切的问题整理出来，作为班级共用的一组指导性问题。每个团队现在不仅有自己的一系列问题，而且还有班级同学提出的指导性问题。学生将这些问题写在合约上，定期参考。

第Ⅲ部分：团队协议

我不喜欢在课堂上使用"规则"这个词语，因此我把我和团队要遵守的规则称为规范。我认为在任何机构中都会有一些常规的条例，来保障工作的正常推进。学生告诉我他们喜欢"规范"一词，因为它不会让他们那么有威胁感和惩罚感，因此我和学生采用了这个词。基本上，规范的内容像期望，不太正式。在我的课堂上，我始终坚持一些基本要求，例如，"尊重他人"和"如果你想投诉，那么必须给出一个解决方案"。这些规范可以防止讨论变成牢骚会议，还可以帮助学生学习解决问题的方法。在研究完班级规范后，每个团队都必须提出并商定自己的 3 个规范。这些内容会被写进团队合约的第Ⅲ部分。这样做可以让学生对团队负责，并按照他们自己的意愿运作团队。

第Ⅳ部分：问责制

在每份合约中，一定要概述不遵守团队规范的后果。我列出了 5 个违反规范的典型行为，学生可以补充。对于不遵守规范的学生，我会采取相应的班级惩罚，比如扣分、午餐期间工作等。在最严重的情况下，违规学生可能会被"解雇"。目前为止我还没有解雇过任何人。学生可以自己制定违反团队规范的惩罚。我认为学生自己制定规范这件事对阻止他们违规起了很大作用。学生会把违反规范的行为记录在合约中，再由我来签字。

第Ⅴ部分：团队签名

这部分显而易见！它要求用签名来表示每个团队成员都理解了合约约定的内容。

合约的效果

过去会听到的学生之间关于不知道自己应该做什么的对话，已经不存在了。我发现，当学生掌握了具体的内容，例如一份详细的合约时，他们就会受到约束，不能再说"我不知道要做什么"。如果他们不做自己的工作，那是因为他们不想做。当一名学生不去完成自己的工作时，这并不会加重整个团队的负担，因为我会基于学生的工作描述，给他们做的事情评级，整个团队就不会因此遭受失败。有时即使学生属于一个团队，我也会给他们个人评级；有时我会给整个团队评级。这份合约避免了猜测。学生现在拥有自己要做的工作，这一点真好。他们为自己的工作感到非常自豪。他们喜欢当经理，感觉自己很重要。我还与不同的管理团队开会，直接了解他们的进展或可能需要的额外支持。随着时间的推移，我增加了与每位经理开管理会议的次数，让他们向我汇报不同团队成员在自己职位上的工作进展情况以及工作是否按计划推进。我可以未雨绸缪，及时解决任何问题。

学生很重视这份合约，一直参考它，甚至在举行团队会议解决突然出现的问题时。我要求班上的每名学生都当一次项目经理，在每名学生都至少担任一次项目经理之前，不允许任何学生再次担任该角色。这样，每名学生都

> 有机会成为领导者，了解每个角色的重要性。这份合约让学生更具责任感，为自己的所作所为负责，使他们对所学的内容建立主体意识。

尽管这份合约明确了团队中的角色、对行为的期望以及对任务的管理，但布兰迪并没有止步于此。通过建立解决冲突的规范和协议，布兰迪得以创造一种基于团队的课堂文化，使学生更独立，提高完成产品的效率。随着团队成员共同履行这份合约，主体性渐渐形成。把大的任务分解成较小的模块，能让学生更好地完成。布兰迪的合约是一种非常强大的课堂工具，它能对团队绩效产生积极影响，并将 21 世纪技能整合到设计挑战单元当中，使课堂朝着更加以学生为中心的方向发展。

莱斯莉的故事

在莱斯莉的设计挑战单元"超越可汗"中，学生面临的挑战是设计和制作一个教程视频，教授如何解线性方程。在这个故事中，莱斯莉介绍了她用来指导团队应用 21 世纪技能开展有效工作的工具。

> **教程视频与线性方程**
>
> 我的目标是成功实施一个让学生使用 EDP 并整合技术的设计挑战单元。学生必须利用 21 世纪技能设计和创建一个基于课程标准的工具，来帮助他们掌握线性方程，这个工具也可以用来教授全校或全美的其他学生。该单元涉及的标准有《州共同核心数学课程标准》中的 A-REI 和 A-CED，包括建立方程、解释求解简单线性方程的步骤，以及为证明求解方法合理做出可行的论证。这个故事的重点是我如何在发展 21 世纪技能的同时，使用 EDP 来实施基于代数课程标准的设计挑战单元。

对于"超越可汗"单元,学生提出了一个挑战性的想法,即设计一个代数教程视频或动画,这个教程要比被全美学生广泛使用的可汗学院(Khan Academy)网站上的教程更好。可汗学院网站上的教学视频让学习者可以在课上或课后按自己的节奏学习。这些视频都是很好的资源,但是由于受众接受程度不同,其中一些可能会显得枯燥乏味。我的学生决定制作更适合他们年龄水平并符合数学课程标准的教学视频。

在向学生明确设计挑战之前,我设计了一个引入来引起他们对该主题的兴趣。在引入过程中,我给学生播放了一个互动式舞蹈教程视频和一个适合学生观看的可汗学院数学教程视频。当学生在投影屏幕上看舞蹈教程时,一个学生大声喊道:"我们来跳舞吧!"我鼓励学生站起来,跟着教程中的步骤跳舞。看完舞蹈教程后,我播放了可汗学院的代数教程视频,介绍如何解决百分数应用题。学生评论说,我播放的两个教程视频,前一个有趣后一个无聊。在接下来的课堂讨论中,我们比较了两个教程视频。我把他们对这两个视频的兴趣以及改进的方法用图表罗列了出来。

在互动式的引入之后,我们围绕如何让教程教会那些没有教师指导的学生进行了大概念的讨论。由此,我的学生提出了制作数学教程的设计挑战,设计的数学教程须与他们在网上看到的教程一样引人入胜。在我的协助下学生自己提出了设计挑战,而不是不顾他们的意见由我直接发布挑战,因此该挑战获得了学生的认同。大多数学生对于使用视频或动画软件设计自己的代数教程感到非常兴奋,甚至有人要求立即开始录像!对大概念的讨论还引发了有关设计、创造和/或使用教程的多种职业的交流。一名学生说视频博主们一直在制作教程视频,一名学生说机械师们借助教程修理东西,另一名学生则说艺术家们可以使用视频教程来进行艺术创作。我鼓励学生,告诉他们可以成为下一个视频博主或教程开发者。教师对每名学生在挑战中可以取得的成就抱有很高的期望,这会促使学生在团队中有高水平发挥。

我让3—4名学生组成一个团队,然后各团队成员从以下工作清单中选择他们的角色:项目经理、时间经理、数据经理和材料经理。学生拥有自由选择角色的权力。在三人的团队中,会有一名学生担任双重角色,这样处理的效果很好。在每个团队中执行具体角色的任务可以加强团队成员之间的交流。项目经理讨论团队每天的工作目标。数据经理与团队成员合作，以确保他们收集了所有的相关数据。时间经理负责把握时间节点，以使同学保持专注。材料经理确保团队拥有完成挑战所需的所有材料。每名团队成员必须与他们的队友多交流并共同努力，以成功完成挑战。

我定期与每个团队联系，并与项目经理交谈，以确保每个团队成员都分配到了任务，从而帮助团队完成挑战。我定期提醒时间经理，请注意他们团队距离完成每日目标的剩余时间。数据经理负责整理和分享所有重要的团队文档，包括 EDP 文档和幻灯片演示文稿。材料经理要确保团队有笔记本电脑、白板、记号笔和一部手机，以便在需要时拍摄视频或访问动画软件网站。模板 7.2 展示了我用来指导与每名团队成员交流的教师工作表。我与每位经理进行的讨论为课堂确立了团队合作的基调。我让学生意识到团队合作是必须做的。为了获得成功，学生不仅要与我交流，而且还要互相交流。此外，讨论是我与学生交流的一种手段，告诉他们可以做任何下决心要做的事情。

模板 7.2　"超越可汗"单元经理角色资料

角色管理教师工作表

教师编号：_____　　　　日期：_____

超越可汗——角色管理

项目经理

- 讨论团队目标
- 向所有团队成员委派任务
- 检查团队成员是否按计划完成任务

时间经理

- 设立时间表

- 监测完成任务的时间
- 把握时间节点以使团队成员保持专注

数据经理
- 整理并分享所有必要文档
- 收集所有相关数据

材料经理
- 获取必要的材料并分配给团队成员
- 管理完成项目所需的材料

评论：_____

_____

　　学生利用视频拍摄设备和动画软件开发了代数教程。他们还使用了幻灯片来展示他们是如何使用EDP完成挑战的。选择以拍摄视频形式创作代数教程的学生主要使用手机拍摄，视频片段已经上传到视频网站，供大家观看。选择使用云端动画制作平台（GoAnimate）软件的学生在视频网站或云端动画制作平台上发布并展示他们制作的动画视频教程。学生以小组形式向他们的同学、7年级学生和地方数学培训师分别展示了他们的设计方案，这些观众用评分表评估了教程的有效性（模板7.3）。

模板7.3　同行评价规则

说明： 你可以在这份规则中增加一个类别（#6），有助于你评价教程的有效性。在教程观看感受那里打钩。

类别	☺	☹
1. 有效性	帮助我理解了所教的概念	并没有帮助我理解所教的概念
2. 提供了示例	展示了充分的示例	展示的示例不够充分
3. 节奏	节奏很好，不快也不慢	太快或者太慢

类别	☺	☹
4. 创造性	图表、颜色和图片很有创造力	不是非常有创造力
5. 兴趣水平	让我觉得有趣	有点无聊
6.		

关于他们如何完善这个教程给出两条建议：

1. _____
2. _____

　　团队可以选择使用视频拍摄设备或动画软件来创作代数教程视频，因此他们发挥了自己的创造力。在某些情况下，他们须克服对自己的认知。一些学生不太想在视频上看到自己，因此团队立即决定制作动画视频教程。一名学生表示："莱尔斯老师，我不想在视频上讲话，我们都很害怕。"有些团队最开始采用动画软件制作教程，但最终换成了拍摄视频教程，因为学习动画软件对他们来说实在太难了。有几名学生在另一门课上使用过动画软件，发现它比拍摄视频教程容易一些。有一个团队决定由一名学生进行叙述，另一名学生在摄像机前解决代数问题。另一个团队对视频进行了剪辑，让一名学生在视频的第一部分讲解，另一名学生在第二部分讲解。视频剪辑团队中的一名学生笑着和我说："我简直不敢相信自己创作出了一个代数教程视频，并且它就在视频网站上。"

　　团队在工作时要遵循以下合作规则，也就是尊重（respectful）、做好准备（ready）和负责（responsible），即3R。提前明确地讨论3R规则，会为学生开展不受干扰的团队合作奠定基础。我们讨论了倾听其他同学的想法以示尊重的重要性。我向学生表达了每天学习以及为其做好准备的重要性。我对学生解释道：要对自己的工作负责，除了他们自己，没有人该为他们未完成工作而受到责备。如果团队成员缺席，他们可以在云盘上共享文档，从而保证团队可以继续工作。在整个学年中，3R的落实对我在课堂上成功实施设计挑战单元来说至关重要。

我解释了制订计划来应对问题或挑战的重要性，以及介绍了工程师、企业家、教师和学生如何遵循某种计划或过程以取得成功。学生使用 EDP 指导自己在团队中解决问题。在我们进行讨论后，学生团队用自己的话来明确并界定设计挑战。团队通过观看几个不同的代数教程视频，列出优质代数教程视频的基本特征，收集有关教程的信息。有一个团队列出优质教程视频的关键特征包括讲得清楚、有示例、使用正确的解决方案、有趣味性以及节奏适中。在限制条件方面，学生讨论了使用免费开放的技术来设计视频或动画教程的局限性以及解决这些局限性的方法。每个团队考虑将评估规则作为设计基础，然后实施了他们所选择的解决方案。

在团队完成基于网络的"代数1"在线教程的设计和制作之后，他们以小组展示的形式向 7 年级的同学介绍自己的解决方案。7 年级的同学用模板 7.3 中的同行评价规则评价了他们的教程。另外，团队还提出了教程中涉及的问题，用这种办法评价 7 年级的同学在观看教程后是否掌握了数学概念。

当学生收到同行评价结果的反馈时，迭代设计过程就开始了。这将指导学生评价自己的设计解决方案，并想办法来完善教程视频，让它更有效。最终的设计方案会呈现给一位培训师，他会使用模板 7.4 中的最终设计评估规则来评判。

模板 7.4　最终设计评估规则

说明：请在每一行中体现了你的教程观看感受处打钩。如有必要，在这份规则中增加一个类别，有助于你评价教程的有效性。

类别	4	3	2	1
1. 有效性	帮助我理解了所教的全部概念	帮助我理解了所教的多数概念	帮助我理解了所教的部分概念	没有帮助我理解所教的概念
2. 提供了示例	全部示例都很好	多数示例很好	部分示例很好	未能通过示例说明如何解决问题
3. 节奏	全部节奏都很好，不快也不慢	多数节奏很好	部分节奏很好	节奏不好，太快或太慢

类别	4	3	2	1
4. 创造性	非常有创造力，使用了许多图表，色彩搭配或视觉效果很好	比较有创造力，使用了一些图表，色彩搭配或视觉效果较好	稍微有点创造力，使用了少量图表，色彩搭配或视觉效果一般	不是很有创造力，缺少图表，色彩搭配或视觉效果差
5. 兴趣水平	让我觉得一直都有趣	让我觉得多数时候有趣	让我觉得一些时候有趣	没有趣，无聊

评论（正面反馈和/或建设性批评）：

_____

_____

_____

团队成员共同努力完成选择、实施、评价、完善和交流设计方案。设定各团队的每日目标，起到时间约束作用。每天给学生一个目标，让他们在课上分配的时间内完成。例如，在进行挑战的第二天，团队必须完成EDP的第1步和第2步（界定难题和收集信息）。我交代了演讲的截止日期以及学生为完成挑战要做的每日任务。

EDP概要和评估规则已经上传到了云盘上，供所有团队成员访问。有时，学生会一起选择他们想要完成的EDP的某些部分。在有些情况下，则是由项目经理将其中的某些部分委派给团队成员。因为团队已经就角色达成了共识，所以团队成员会愿意接受项目经理的要求。

鼓励那些需要更多课堂时间来完成部分挑战任务的学生利用他们的午餐和课后时间。许多学生用了几个午餐时间来进行云端动画制作平台教程研讨，或者制作他们拍摄的视频或动画视频教程。一些团队非常投入，以至于放学后也留下来编辑视频，直到把任务做好。每个团队有责任在挑战开始时就规定好时间计划，在截止日期前完成工作。

全班以3—4人团队的形式制作了关于求解线性方程的教程视频，其中23名学生设计了拍摄视频教程，20名学生创作了动画视频教程。由7年级

跨学科课程如何设计：大单元、大概念和工程设计挑战

> 学生和一名培训师根据模板 7.4 的评分规则评判所有教程视频，对团队的成果从有效性、示例、节奏、创造性和兴趣水平分别评判。大多数团队的得分在 12 到 20 分之间。动画视频教程在创造性和兴趣水平上的得分很高，但是如果有更多的时间，节奏、有效性和示例数量还可以做进一步的完善。视频教程在节奏和有效性上的得分很高，但是如果时间允许，创造性、兴趣水平和示例数量还有进一步的完善空间。鉴于资源和时间的限制，学生在实施 CBL 和 EDP 并使用 21 世纪技能创作代数教程视频这项工作上已经表现得很出色了，在我看来，这比可汗学院的教程还要好。此外，该单元为各水平和不同学习类型的学生都提供了获得成功的机会。

莱斯莉使用了多种工具让她的学生制作出满足挑战要求的视频，从而学生取得了成功。首先，她为每个学生团队成员分配了固定的团队角色。她设立了行为期望——尊重、做好准备和负责，并将其称为 3R。莱斯莉不接受学生的抱怨或指责，这正是 3R 的一部分。相反，她鼓励学生承担起个人责任，以便在预期时间内达到指定任务的要求。此外，莱斯莉还通过定期与学生会面来监控学生在团队中的工作情况。她还使用了同行评价规则和最终设计评估规则（模板 7.3 和 7.4）来加强学生问责制。学生认同并参与挑战的一个重要因素是他们有机会使用交互式电子白板、幻灯片演示文稿、文档、视频软件和云端动画制作平台动画软件等技术。能将最终作品发布到视频网站上是一个强有力的动因。最后，学生因自己完成了视频制作而表达了自豪感和成就感。

总结和要点

像所有敬业的教师一样，布兰迪和莱斯莉首先认识到学生的需求。作为回应，她们开发了既适合学生年龄段又能反映中学生需求和兴趣的工具，以

指导 EDP 应用。她们使用的策略和工具让学生拥有了完成必要任务的主体性和责任感，她们还让这些任务变得更加明确和易于管理。通过明确的期望和加强的学生问责制，两位教师引导学生成为了问题解决者。这样做的结果是形成了富有成效的课堂，课堂变得以学生为中心，并且教师扮演引导者的角色。当然，与学生一起有效实施设计挑战的根本优势包括进行了有意义的学习，发展了他们解决问题的技能，并让他们具备了交流与合作的能力，从而使他们做好积极有效参与到 21 世纪生活中的准备。

在本章中，我们强调了以下要点：

1. 设计挑战任务紧密地结合了 4C（NEA, 2016），这 4 个 C 涵盖了 21 世纪技能，并要求学生以符合职业需求的方式使用这些技能。
2. 教师需要积极地参与到界定、发展和支持学生的交流与合作技能的过程中。对于年级较低的学生，可能会涉及使用合约和界定团队角色。
3. 发展学生的交流技能包括发展他们的演讲能力，以及培养他们使用可用技术完成设计挑战目标的能力。
4. 持之以恒地完成设计挑战是 EDP 循环的一部分，而且不应该将设计上的不足视为失败。相反，这是一个学习的机会。就像实施的工程设计过程一样，创造力也是一个迭代的过程。

参考文献

Foster, B. 2014. Concrete decisions. Cincinnati Engineering Enhanced Mathematics and Science Partnership, University of Cincinnati.

Lyles, L. 2015. Better than Khan. Cincinnati Engineering Enhanced Mathematics and Science Partnership, University of Cincinnati.

National Education Association (NEA). 2016. An educator's guide to the "four Cs." NEA.

NGSS Lead States. 2013. *Next Generation Science Standards: For states, by states.* Washington, DC: National Academies Press.

New Tech Network. 2014. *Student outcomes report 2014.*

第 8 章 设计挑战单元开发指南

在第 3 章中，我们介绍了设计挑战单元模板的各个部分并做出解释。第 4 章到第 7 章是教师实施自己设计挑战单元的故事。我们希望这些章节能让你相信，你自己也可以在 STEM 课堂中使用设计挑战单元。在本章中，我们将分享一些策略，帮助你开始应对课堂上的挑战。在本章的第一小节中，我们讨论了从成功和错误中得到的启示，涉及一种结构化的方法，你可以在首次实施自己创建的单元后进行反思，并考虑修改其他教师的设计挑战单元供自己使用。因为修改另一位教师的单元与创建并修改自己的单元有很多相似之处，我们建议你同时考虑这两种方案，然后挑选最适合自己的那一种。

本章的第二小节是关于如何支持和维持教师工作。教学改革工作可能是孤独的，因此我们分享了项目中一些教师随着时间的推移不断开发内容的策略，以保持你的动力并增强你的热情。维持教师工作的另一个方面是减轻独自寻找所有资源的负担。为此，我们汇编了一些现成的资源，用于收集设计挑战单元的想法、寻找技术支持或图片以及研究信息，供教师和学生使用。

设计和再设计

修改先前设计的单元

每位教师都知道，尝试上新的课或单元本身就是一种设计挑战。初次实施单元教学后，教师需要对目标、资源、学生讲义、教学方向和评价进行修订和完善，花费一段时间才能让头脑中动态的、激动人心的实施景象与课堂中的现实相符。如果你即将在课堂上使用设计挑战单元，但感到有点不知所措，我们建议你先修改一个现有的单元。第 4 章至第 7 章以及 CEEMS 网站上的示例可以作为一个起点，帮助你理解成功的设计挑战单元所涉及的细节。为了帮助你完成此过程，我们开发了提示、考虑点和模板来支持单元开发新手修改另一位教师的单元，从而满足学生的需求。我们建议使用这 5 个步骤来修改已有的单元：评价、差异化、情境化、优先化和定稿。每个步骤解释如下。

评价：首先，你需要为自己和学生找到适合的单元。我们建议你对 CEEMS 网站上提供的设计挑战单元案例开展评价，或者查看其他可用的工程设计单元（参见"查找想法和信息资源"部分）。这一步提示你考虑三点：（1）你对特定设计挑战的兴趣，（2）挑战是否符合你想要解决的课程标准和内容主题，（3）学生的兴趣和需求。仅仅满足课程内容需求的要求不能作为改编设计挑战的理由。你要投入相当多的时间和精力来修订和实施该单元，因此它对你和你的学生来说应该是一件有趣的事情。模板 8.1 是 CEEMS 教师用来选择和修订单元的通用模板。这个模板涵盖了大部分的基本问题。

模板 8.1　评价已开发单元的指南

更改其他教师的单元

第 1 步：评价

单元基本信息

1. 设计挑战
2. 年级

3. 内容领域（概括）

4. 内容学习目标和标准

5. 建议完成的时间

"这个单元对我有用吗？"相关问题

1. 我自己想要做这个设计挑战吗？（如果没有，那就换个单元吧。）

2. 设计挑战中我最感兴趣的部分是什么？

   a. 与真实世界应用的引入与关联

   b. 设计成果

   c. 概念、实践和过程的整合

   d. 多样的学生学习活动

   e. 对学生学习的支持和脚手架

   f. 提供的形成性评价

   g. 职业关联

评价我的回答

根据单元的基本信息，我能为我的学生和学校环境做出调整吗？

根据我对设计挑战题目（a-g）的回答，至少有三分之二的内容让我感兴趣吗？我是否认为这些内容对我的学生有价值？

为了使这一单元适应我的教学，该单元已经提供的内容和我需要补充的内容之间是否能很好的平衡？

我现在有时间进行所需的修订吗？

  差异化：在差异化阶段，你要具体决定保留哪些内容，更改哪些内容，以使设计挑战单元适合你的学生。这还不是日常备课的阶段，而是要为日常工作创建计划。模板8.2展示了一个提供给CEEMS教师的、修正过且已完成部分内容的差异化表格。在表格中，对这些提示的部分回答已给出，并作为例子，说明应该如何使用该指南。

模板 8.2　对已开发单元做差异化的指南

更改其他教师的单元

第 2 步：差异化

项目	当前单元	为我的单元做的改变
年级	10年级学生	8年级学生需要： • 更多的研究支持 • 开展实验设计的练习 • 复习比例求解 • 复习公制单位的转换
分配的时间	6个教学日 / 50分钟的课时	12个教学日 / 43分钟的课时 （有两个教学日需要进行20分钟的测验）

情境化：情境化就是把差异化付诸行动。差异化和情境化是协同进行的。差异化是指确定需要改变的内容，而情境化是指确定需要如何改变。

分享故事的教师建议在对一个单元进行情境化处理时考虑 5 个基本方面：

1. 期望学生具备的特定的学科内容知识和一般的背景知识。
2. 对于学生须有效使用的"软技能"提供的支持，如计划、研究、记录想法、组织信息、协商决策和分类。
3. 时间需求，包括实施带有一些灵活性选项的单元所需的时间，以应对天气、节假日、班级旅行和强制测试等因素的影响。
4. 可利用的资源，以便让所有学生都可以参与到设计过程中。
5. 学生在设计过程中建造和存储作品所需的空间。

情境化清单上的第 1、2 和 3 项将直接影响你需要的特定学习活动和课时的数量，以及学生需要的讲义和文件的类型。例如，如果该单元要求你或你的学生在互联网上进行研究，那么你需要设置一个关于如何评价在线资源

165

和信息质量的课时。如果你正在教授一个含有实地考察或测试的单元，你可以通过增加课时数量或增加可使用的现成材料的数量来应对课时的变化。第4、5项是每位教师所面临的实际情况，谨记在计划时要优先考虑这两项。

优先化：你现在可能有一堆想要做的更改和修订。这一步涉及使用列表对更改进行优先级排序，然后将其范围缩小到一个实际的数字。通过将每个更改划分为以下3个类别之一来对它们排序：
- 最优先项，必须为我的学生更改的项目；
- 可行的更改，为了教学的流畅度我想改变的项目；
- 低优先级的更改，我可以下次再解决的问题。

最优先项为你认为最令学生兴奋、引人入胜且与学生息息相关的那部分内容，然后围绕这部分内容进行实际调整。通常，大多数最优先项都是后勤工作。你需要精简最初的计划，寻找要使用的新材料或改变内容的重点以满足你所教的年级需求。确定优先级时要记住的重要一点是，对于这个单元来说，你需要在你喜欢的部分和你实际上可以实现的部分之间找到平衡。

定稿：此处会把你的想法落实为教学计划。到目前为止，你为你的第1个设计挑战单元所做的大部分工作都涉及决定教授什么内容。现在你已经准备好教学的相关细节了。在定稿的过程中，我们强烈建议你以学生熟悉的话语和风格亲自准备所有的学生材料和讲义。对于开始学习新事物的学生来说，有熟悉感的讲义会让他们更加舒适。以下是材料定稿速览要点：
- 为学生的特殊需求设计一个单元纲要；
- 准备学生讲义；
- 根据你的优先级创建形成性和总结性评价；
- 检查并更新所有在线资源、链接和研究网站；
- 检查所有受版权保护的材料，遵守版权法规；
- 制订一个计划，收集关于实施过程的笔记和反思。

你现在可以与学生一起冒险了。我们发现，教师深思熟虑地参与单元修改过程后,在下次设计自己的单元时更有信心。享受这种体验吧,因为我们完全相信,一旦你开始使用设计挑战单元进行教学,你将获得更多,而你的收获将引导我们进入下一部分。

完善你自己的单元

除了修订其他教师的设计挑战单元,我们发现 CEEMS 教师通过完善自己的设计挑战单元也收获了信心。对一个单元的修订应根据先前实施中的数据以及对初次实施过程的反思来完成。我们建议将设计挑战单元中的学生表现数据与已有的相同概念教学的学生表现数据进行比较。这样可以确保修改既关注到了实施过程,也关注到了结果层面。完善和重新教授自己的单元有助于项目教师定稿,并使这些单元具有高质量、可转化性以及学生成功率等特征。当你遵循正式的体系来修订实施后的单元时,你便获得了前面描述的 5 步单元修改过程的经验。然后,你就可以使用此过程作为修订其他设计挑战单元和课时的工具。

表 8.1 显示了你在修改之前教过的单元时要考虑的问题列表。这些问题关注的是该单元在满足学生需求方面取得的成功。这些问题可以用简单的"是"或"否"来回答。但是如果你回答"是",你应该能够找到支持这一说法的证据。如果回答"否",或者无法确定"是"的证据,你可以将此作为一个反思要点,以及作为在下一次实施中可能需要改进内容的指标。

表 8.1 单元修订的反思要点

问题	是	否
1. 所有概念是否被很好地理解了?		
2. 是否将学生与挑战和引入关联起来?		
3. 学生是否能够产生多个设计方案?		
4. 学生在设计过程中是否参与内容讨论?		
5. 学生是否学到了想要学习的内容?		
6. 学生是否学到了想要学习的过程?		
7. 背景资源是否充分且有帮助?		

问题	是	否
8. 学生的讲义和辅助材料是否足够且有帮助？		
9. 形成性和总结性评价是否提供了想要的反馈？		
10. 单元和课时的时间安排是否与进度配合良好？		

表 8.2 中包含了附加的单元修订指南或预检查项。这些要点是项目教师一致认为从一次实施到下一次实施最需要修订的地方。表的左侧展示了大多数教师面临的困难，右侧是解决这些困难的可能方案。

表 8.2 已识别的困难和修订步骤

已识别的困难	修订中采取的步骤
• 在全神贯注于研究的情况下，没有足够的时间完成整个单元 • 学生在完成设计任务所需的内容上存在困难 • 学生记录工作和思考 • 学生被困在某个阶段，不知道何时前进 • 资源管理，包括快速安装和清理、在加工过程中的物品保管	• 为学生预先计划和选择研究场所，并附有支持记录的讲义 • 面向全班的或通过在线访问进行即时学习的微课 • 讲义或指南具有详细清晰的文件要求和记录要点 • 内置检查点和复习点，供教师或同伴监控进度 • 专门的学生工作场所和空间，以及明确的、操作性强的安装和清理程序

CEEMS 教师使用他们在表 8.1 和 8.2 中的自我评价要点和解决方案来做出修订决策，以便确定优先化顺序、记录过程和完成下一次实施。我们建议你可以将自我评价和修订的重点放在单元要求的过程和实践上，以帮助学生掌控自己的学习。在附录中，我们提供了单元修订工作单，你可以用其反思和概述你计划要对单元进行的更改。我们建议一次更改不要超过一个单元的 20%，因为重要的是优先考虑最能影响学生学习和乐趣的更改。

当 CEEMS 教师用以前教过的设计挑战单元作为创建其他单元的基础时，对他们和他们的学生都有好处。在进行修订的过程中，教师把这些单元变成了自己的单元。当教师在实施后系统地完善自己的单元时，他们加强了设计挑战单元对学生学习的关注。我们相信所有教师都可以通过使用上述建议来单独完成操作。而在下一节中，我们将分享如何构建一个学习共同体来开发单元，从而在修订和完善过程中带来更丰富的体验，并推动统筹的教师成为共同体领导者。

创建可持续性学习共同体

前一节的重点是教师个人。但是正如一开始提到的那样，STEM 改革的教育者可能正从事一份孤独的工作。我们鼓励教师尽可能在他们的学校和地区中建立协作共同体。然而，这并非是教师的职责。因此在这一节，我们将为你建立自己的支持共同体和关系网提供建议。

入门：如何开始与他人建立关系网？

深呼吸，放轻松，实际上这是在帮助你成为当地的 STEM 教育领导者，不过不要以为可以一蹴而就。首先查看已经存在的事物并从那里进行修改。我们的第 1 个建议是举行棕色午餐袋会议。棕色午餐袋会议是一个非正式的聚会，人们可以在工作中的午餐时间一边吃着自己带来的午餐一边聚会和学习。棕色午餐袋会议通常有一个特定的话题，人们可以断断续续或持续地参与讨论。对于作为教师的你来说，这可以成为让你所在的学校或科组里的其他教师探讨设计挑战单元的第 1 步。棕色午餐袋会议的目标是建立一个由志同道合的教师组成的共同体，他们愿意承担时间和教学实践上的一些风险，正所谓没有承诺就没有压力。表 8.3 为开始你的棕色午餐袋会议提供了一些提示。

表 8.3 棕色午餐袋会议的提示

步骤1：设置常规会议时间	▪ 选择开会的时间和日期（最好每月1或2次）
	▪ 寻找舒适的地点
	▪ 把会议日期写在每个人都可以看到的日历上

跨学科课程如何设计：大单元、大概念和工程设计挑战

步骤2：宣传	• 让参与者兴奋起来 • 谈论你的想法 • 发布会议时间和地点 • 寻找与你一同招募成员的人 • 把它列在每日公告上 • 给你的小组起个名字
步骤3：确定会议话题	• 选择会议话题，例如： 设计挑战如何促进以学生为中心的教学，从而影响学生的学习 找到一个大概念和挑战 管理学习环境
步骤4：探索	• 分享资源，例如： CEEMS单元 工程学网站和课 你自己的项目
步骤5：准备	• 分享你即将开展的计划 • 倾听同伴们的计划 • 给予反馈 • 寻求联系
步骤6：实施并报告反馈	• 全力实施一个单元 • 分享你的结果和反思 • 给予和接受同伴的反馈

棕色午餐袋会议是吸引人们、让每个人都参与进来并朝着一个共同方向前进的好方法。理想情况下，你的学校会有几位教师参与其中，但你真正需要的是一个合作伙伴。一旦雪球开始滚动，将吸引更多的教师，而且每位教师都可以跟得上正在探索的新方案。无论你的棕色午餐袋小组有多大或多小，你都会希望有一个合作、分享和展示工作的地方，供他人查看和评价。

关于这些会议建议的最后一点是：我们意识到一些学校的午餐时间是错开的，导致没有共同的午餐时间。你的会议不一定非要在午餐时举行。也许你会采取"周二下午茶话会"或"百吉饼和周四 STEM"。重要的是，你要

定期与同伴会面，集中关注基于设计挑战的教学。

召开会议后的下一步是向更大的学习共同体展示你的已有工作。你可以把你的已有工作数字化，在此基础上完善。这样，你便可以突破你所在的学校，其他寻找同伴的教师也可以来找你。以我们的经验来说，有必要建立一个数字化的平台，可以让更大的共同体查看个人创作的作品。我们使用谷歌文档和受密码保护的维基实现了学习共同体的协作。谷歌文档有助于人们在同一项目上进行协作，但速览和评论会比较麻烦。维基可以轻松地共享，这样其他人就可以查看每个人的工作。此外，你可以将单个小组成员的维基链接起来，形成一个大规模互联共同体，作为活跃工作平台使用。维基的动态特性展示了单元是如何不断演变成最终形式的。

一个受密码保护的维基共同体可以很容易地变成一个公开的维基。一旦每个人都适应了小规模本地共同体中的协作，你就可以逐渐发展出一个公开的维基，发布单元和活动，以便与你所在科组、学校、地区和更大地方的其他教育者共享。拥有一个已经建好且公开的维基让你有机会扩大你的影响力并吸引其他人进入学习者共同体，从而扩大你的视野。

扩展选项：在哪里可以获得更多的想法和支持？

共同体内部的成长和发展是迅速的，但有时你需要注入一些外来的想法。要有意识地去参与外面的专业组织和会议。NSTA 和 NCTM 可作为开始的地方。除了全国性会议，NSTA 和 NCTM 均设有区域性会议和州一级的附属机构。因此，如果参加数千人的会议似乎遥不可及，请尝试参加一个地区或一个州附属机构举办的数百人规模的会议。我们确信当教师参加由他们的专业组织主办的会议时，结果是互利共赢的。CEEMS 教师分享了他们的单元和经验，并且向在全国其他地方工作的教师学习。

除了这些组织之外，你也可以考虑专门针对工程学教育的学术会议，例如美国工程学教育学会（American Society for Engineering Education, ASEE）的大学预科工程学教育分部，这是一个收集或分享新的工程学教育方案和方法的绝佳场所。还有其他更多的关于学校整体教学的一般性会议，例如教育前沿（Frontiers in Education）或有效高中教育（High Schools That Work）。所有这些组织及其会议都是与其他教师共同体建立关系网、收集你可以带到课堂的想法以及展示你的设计挑战单元教学经验的绝佳场所。

最终转化：如何将它们整合在一起？

既然你已经教授了自己的设计挑战单元，主持了棕色午餐袋会议，建立了数字共同体，并参加了会议，那剩下要做的是什么？以下是成为STEM领导者的一些最终建议：

- 带你的同伴去参加会议。计划好活动时间，以便每位教师参加不同的研讨并收集材料。然后把材料带回来，在新一轮的棕色午餐袋会议中分享。
- 把你学到的想法发布到你的维基上，保持维基的动态性和发展性，以便为你的维基共同体建立资源网站。认识到实施STEM相关单元是一种强大而可靠的学习方式。
- 定期查看和使用专业组织网站上的资源。
- 根据你的单元和学生成果，撰写相关文章，并向教学期刊和网站投稿。
- 编写资助计划来支持你的下一个STEM项目。

加入并创建一个动态学习共同体的好处是深远的。除了有意识地创建一个由上述内容或所有示例组成的框架（棕色午餐袋会议、维基、学校和地区的展示，以及参加专业会议并进行展示），你还能发展一个活跃的学习共同体，促进专业发展，在STEM教学实践中培养领导力。

查找想法和信息资源

该部分包括CEEMS教师发现的最有用并经常参考的资源和网站。这份资源清单并不详尽，而且不同的人或群体会找到最符合其兴趣和需求的网站和资源，但这份清单会帮助你入门。

专业组织

- NSTA：美国国家科学教学协会
- NCTM：全美数学教师委员会
- ASEE：美国工程学教育学会
- eGFI：美国工程学教育学会关注预科

政府机构

美国政府机构的网站包含了政府研究、项目和改革的现状。大多数还为教师提供了教育资源的链接。它们并非都易于使用，而且由于许多话题是跨部门的，因此一般性的说明也难以理解。然而，搜索"关于……的政府信息"会产生数百万次的信息匹配，所有的内容都会在网址中带有 .gov。从这里开始，可以将搜索限制在更具体的信息上。

工程学和 STEM 网站

- CEEMS 项目网站
- 教授工程学网站（Teach Engineering）
- 连接工程学网站（Link Engineering）

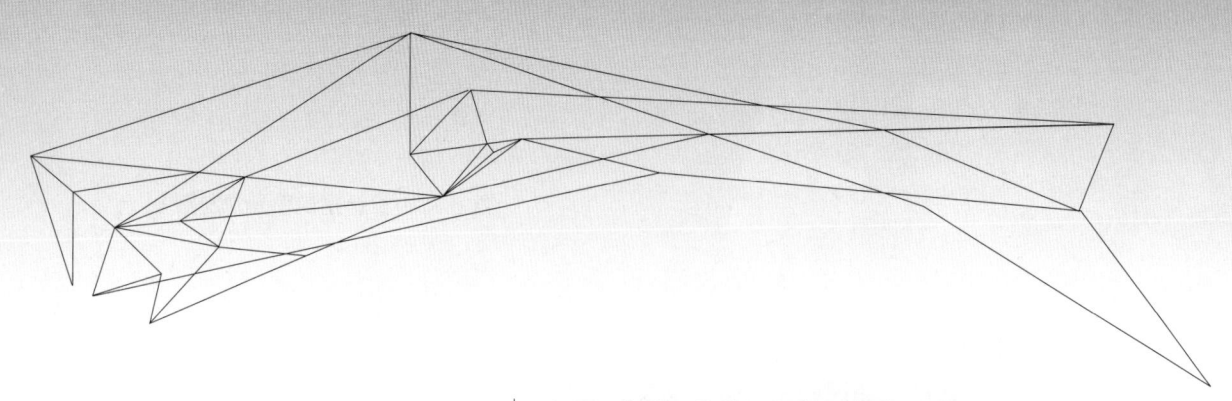

附录　设计挑战单元模板

设计挑战单元模板说明

目的

为 CEEMS 项目创建的单元模板旨在指导开发并最终实施 CBL 单元。CEEMS 模板遵循标准化格式,以便轻松地存档在数据库中,并供给全国范围内的科学和数学教师使用。该结构使模板易于使用,便于其他教师也可以独立实施特色单元或活动。

通用格式

单元模板分为两个部分。第 1 部分旨在帮助你开发一个以 CBL 和 EDP 为特色、涉及使用 21 世纪技能的单元。第 2 部分是反思部分,在单元实施后完成。

特定组分说明

请注意,在单元实施之前或之后你要提交以下组分的信息。粗体字表示应在单元实施中完成的部分,斜体字表示应在单元实施后补充的部分。

页头

页头包括你的**姓名**、**联系方式**(电子邮件地址)和单元模板的最后修改**日期**。

正文

背景详情：按照以下说明开始写正文内容。

- **单元标题**：为该单元指定一个序号，起一个题目，反映相关的大概念（全球相关性）以及与单元内容的联系。（例如，单元1：安全饮用水的获取——家庭过滤系统的设计）
- **年级**：进行该单元教学的年级。
- **学科领域**：详细说明本单元面向的数学或科学课程的名称。
- **预计持续的总时长**：以课时数和每课时的分钟数的形式详细说明完成整个单元所需的时长。

第1部分：设计单元。

该模板遵循目标性顺序，从一般性信息开始，引导你制订一个更完善的单元计划。

1. **单元课程标准**：将本单元阐释的核心课程标准复制并粘贴到模板中（例如，NGSS、《州共同核心数学课程标准》、你所在州的科学或数学课程标准、AP课程标准）。详细说明这些课程标准的字母和/或数字标识符以及特定的类别，还有课上将会评价的科学课程标准所包含的探究及应用标准。仅列出本课将会评价的课程标准或实践。

2. **单元概要**：给出该单元的全球相关性，将通过执行以下操作来实现。

- **大概念**：用几句话描述单元中的大概念及其全球相关性。
- **核心问题**：预期学生可能会共同考虑到的核心问题并列出一份清单。

3. **单元背景**：给出定义单元相关性和结构的背景。

- **选择内容的原因**：通过勾选所有对应的方框来解释一下选择此内容的一个或多个主要原因。
- **引入**：用几句话描述你将如何用引人注目的"引入"来介绍大概念。
- **挑战与限制条件**：选中对应的方框，指明挑战是一个产品还是一个过程。描述指定的挑战如何帮助学生找到核心问题的答案或解决方案。列出将应用于挑战中的限制因素。

- **教师预期的指导性问题**：在向学生介绍挑战之前（并让他们产生一些指导性问题），你需要自己预期并创建一系列学生将会提出的指导性问题。然后，根据挑战主题，学生将开启确定指导性问题的阶段。

4. **工程设计过程**：使用 EDP 图作为指导，使挑战结构化，并回答给定的问题。该单元必须至少要以一个包含 EDP 循环的课时/活动作为特色。挑战应该包括一个进行完善（迭代）的环节。*如果由于时间限制没有实现多次迭代，请在反思部分解释并思考改进建议。*

5. **评价和 EDP**：使用提供的图表和 EDP 图来确定挑战中你能合理嵌入评价的位置。此外，提供评价工具的信息，并勾选方框，指出评价是形成性的还是总结性的。选中所有对应的方框，指出挑战中包含的 EDP 特征。

6. **真实世界的应用、职业关联和社会影响（Real-World Applications, Career Connections, and Societal Impacts, ACS）**：根据挑战在真实世界中的应用，使用连续变化的轴给它评分，并给出评分的依据。此外，列出该单元中适用于真实世界背景的活动。详细介绍本次挑战中涉及的 STEM 职业，并描述你将如何介绍它们。接下来，根据挑战的社会影响，使用连续变化的轴给它评分，并给出这样评分的依据。然后列出该单元中适用于当前社会问题的活动。ACS 是一项须一直开展的部分，因此我们不会期望各单元在每个连续轴上都有很高的评分。

7. **错误概念**：找出学生对本单元概念可能持有的共同的错误概念。在单元实施后，记录错误概念出现的时间，以及如何通过教学来处理这些错误概念。

8. **单元课时与活动**：你的任务是把自己提出的活动组织到课时中。简要描述每节课的内容，并列出每节课的活动。给每节课起一个能反映话题或主题的题目，把题目看作是所有活动涉及的总体主题。确保某一课时中各活动的简要时间线。然后说明你在单元中整合 CBL 和 EDP 的地方，并为体现这些组分的课时与活动命名。

9. **附加资源**：详细说明合适的资源，包括书籍、播客、视频、演示文稿、数据库和媒体报道。提供有帮助的网站链接，同时列出单元讲义和表格。

10. **单元前和单元后的评价工具**：给如下内容提供详细信息。

- **单元前**：清晰地标明用来评价学生在单元教学前的知识工具，提供这些工具的链接。
- **单元后**：清晰地标明用来衡量学生在单元结束时的成就水平或熟练程度（并可能决定他们的成绩）的工具，提供这些工具的链接。

11. **单元课程标准**：从所提供的清单中，勾选适用于本单元实施的标准。你也可以添加适用的、你所在州的标准。

第 2 部分：实施后——反思单元。

完成单元教学后，你必须反思你的实施情况。此外，如果你需要在教学中对单元进行任何更改，请把更改反映在模板中。

结果：讲授完单元，让学生完成单元后评价之后，你必须分析数据以确定学生是否有所成长。汇总所有用于收集和整理单元后评价数据的文件，引用体现了学生学习进步的证据，进行书面分析。例如，你可能想要展示评价的结果以及学生作品。

反思：用不少于五句话的书面叙述来反思本单元的成功之处，并考虑以下问题。

1. 你为什么为该单元选择了这个内容？

2. 选择该单元的目的是否达到？如果是，请提供与学生学习相关的证据。如果不是，请解释可能的原因。

3. 学生是否找到了一个或者多个解决方案来解决单元挑战，并因此采取了具体而有意义的行动？如果是，请提供可以作为证据的学生找到的解决方案的例子。

4. 数据如何表征了学生学习的进步？

5. 你还会再教授这个单元吗？为什么？

6. 如果让你重新教授这个单元，你会做出什么改变？

设计挑战单元模板

姓名：_____

联系方式：_____ 日期：_____

单元序号和题目：_____

年级：_____

学科领域：_____

整个单元预计持续的总时长：_____

第 1 部分：设计单元

1. 单元课程标准

确定 NGSS 和 / 或 CCSS 中包含的标准，带着字母和 / 或数字标识符从 NGSS、CCSS 中复制并粘贴下来。

_____
_____
_____

2. 单元概要

大概念（包括全球相关性）

_____
_____

（预期的）核心问题

列出至少 3 个学生可能提出的问题，用黄色突出显示界定挑战的那个问题。

_____
_____
_____

3. 单元背景

选择该学科内容的原因

检查所有适用的情况。

- ☐ 学生以前在标准化考试、期末考试或者学校或学区举行的任何考试中，该学科内容的得分很低。
- ☐ 学生普遍存在对该学科内容的错误概念。
- ☐ 该学科内容非常适合使用 CBL 和 EDP 教学方法进行教学。
- ☐ 所选学科内容符合学年教学计划的进度安排。
- ☐ 其他原因（可以是多个）：

_____

_____

引入

用几句话描述你将如何用引人注目的"引入"来介绍大概念，并把学生吸引到这个主题上来。

_____

_____

挑战与限制

勾选你的挑战期望得到的最终结果。

☐ 产品　或　☐ 过程（选择一个）

对挑战的描述	相应的限制清单

教师预期的指导性问题
这些问题适用于挑战并可能随着学生的想法而发生变化。

_____

_____

4. 工程设计过程

   使用下图帮助你完成这一部分。

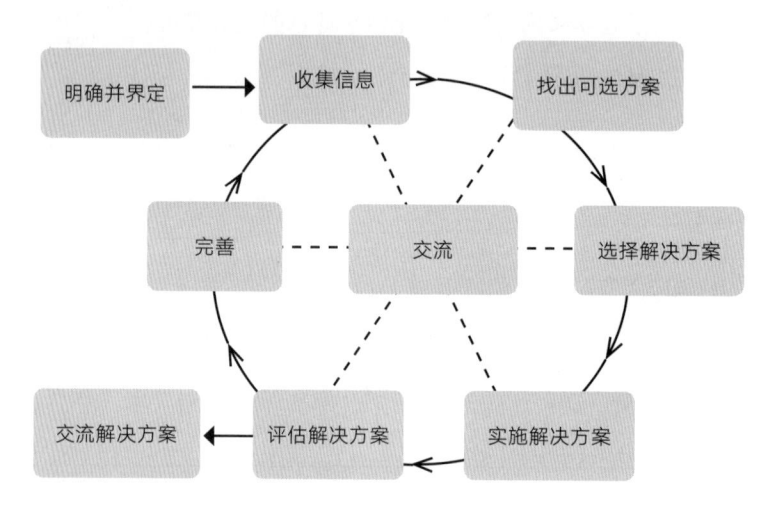

   明确并界定 → 收集信息 → 找出可选方案 → 选择解决方案 → 实施解决方案 → 评估解决方案 → 交流解决方案 → 完善 （中心：交流）

   - 学生将如何测试或实施该解决方案？解决方案奏效的证据是什么？描述 EDP 产生的迭代过程是如何应用于挑战的。

   _____

   _____

   - 学生将如何演示或论证解决方案？描述是否将向学生提供任何正式的培训或资源引导，以说明通过各种媒介（如海报、传单、视频、广告）展示作品的最佳实践方法。

   _____

   _____

   - 通过这个挑战，你教授了什么课程内容？

   _____

   _____

- 当你在挑战中应用评价时，使用上图，明确 EDP 中应进行评价的地方。请在下方描述哪种评价方式最为合适。

_____

_____

5. 评价和 EDP

哪些EDP步骤最适合实施评价（列出适用的步骤）？	在左侧列出每个EDP步骤所使用的评价类型（例如规则、图表、清单、模型、问答等）。然后勾选适当的方框，指出评价是形成性的还是总结性的。
_____	_____ □形成性　□总结性
_____	_____ □形成性　□总结性
_____	_____ □形成性　□总结性
_____	_____ □形成性　□总结性

查看下面列出的特征，这些特征将通过 EDP 整合到你的挑战中。

□ 解决方案有明确的限制条件

□ 能够产生不止一个可能且可行的解决方案

□ 包含完善或优化解决方案的能力

□ 评价科学或数学内容

□ 包含数学应用

□ 涉及图形的使用

□ 需要进行数据分析

□ 包括学生主导的关于结果的交流

6. 真实世界的应用、职业关联和社会影响

这一部分涵盖了真实世界的应用、职业关联和社会影响。

真实世界的应用

将一个"X"放到连续变化的轴上,代表该挑战在真实世界应用情境下的位置。

抽象地、松散地与真实世界相关联 |--------------------|--------------------| 紧密地与真实世界相关联

- 请简要说明你将 X 放在这里的原因。
  _____

- 本单元中的哪些活动适用于真实世界的情境?
  _____

职业关联

你将向学生介绍哪些与挑战相关的职业?你将如何介绍它们(例如,职业研究任务、演讲嘉宾、实地考察、与专业人士进行网络电话会议)?
  _____
  _____

社会影响

将一个"X"放到连续变化的轴上,代表该挑战在社会影响情境下的位置。

体现较少或者没有社会影响 |--------------------|--------------------| 强烈凸显了社会影响

- 请简要说明你将 X 放在这里的原因。
  _____

- 本单元的哪些活动体现了社会影响?
  _____

7. 错误概念

_____
_____

8. 单元课时与活动

为课时 1 和课时 2 提供一个暂定的细分时间线，列出每课时和活动中出现的 CBL 和 EDP。

_____

_____

9. 附加资源

_____

_____

10. 单元前和单元后的评价工具

_____

_____

11. 单元课程标准

如果你是一名科学教师，请在下方勾选适用的课程内容。

NGSS	
科学和工程学实践	跨学科概念
□ 提出（科学）问题和明确（工程学）难题	□ 模式
□ 构建并使用模型	□ 因果关系
□ 设计并实施探究	□ 尺度、比例和数量
□ 分析并解释数据	□ 系统和系统模型
□ 使用数学和计算思维	□ 能量和物质：流动、循环和守恒
□ 构建（科学）解释并设计（工程学）解决方案	□ 结构和功能
□ 参与基于证据的论证	□ 稳定和变化
□ 获取、评价和交流信息	

如果你是一名数学教师，请在下方勾选适用的内容。

《州共同核心数学课程标准》	
数学实践标准	
□ 理解问题并持之以恒地解决问题	□ 策略性地使用适当的工具
□ 进行抽象的、量化的推理	□ 关注精确性
□ 构建可行的论证并评判他人的推理	□ 寻找并理解结构
□ 使用数学进行建模	□ 在反复的推理中寻找并表达规律

第 2 部分：反思单元

结果：讲授该单元后，通过呈现评价数据结果展示学习进步的证据。

请包括以下内容：

- 用于收集和整理单元后评价数据的所有文档（例如图表）
- 用于衡量学生学习进步的叙述性分析，包括表明学生学习的证据
- 阐明学习证据的其他评价形式
- 学生反馈的信息

反思：反思该单元的成功与不足。描述如何在实施单元时使用真实的工程设计过程。

_____
_____
_____
_____
_____
_____
_____
_____
_____

设计挑战课时和活动模板说明

一个单元至少包含两个课时，每个课时由两个或多个活动组成。课时中的每个活动都应该独立存在。活动包括由教师主导（如直接指导和/或演示、探究活动、动手活动）或由学生主导（如团队/分享活动、同伴评论、学生演示）的教学策略。至少有一个课时必须包含由学生自主生成的、突显 ACS 的 EDP 活动。在 CBL 中，每项活动解决一个或多个与所教授的目标相匹配的指导性问题。

CEEMS 项目开发了课时和活动模板，以帮助你发展和组织自己的单元。虽然 CEEMS 参与者必须创建课时和活动模板，但你的计划可能并不需要细致到如此程度。尽管如此，此处还是将详细介绍课时和活动模板的组分，以供参考。

特定组分

页头：文档的页头部分涉及的信息有姓名、联系方式、单元编号、课时编号、活动编号，以及最后修改课时和活动模板的日期。

课时题目：给课时指定一个编号和反映内容的题目（例如，第 1 课：反作用力）。

活动题目：给活动指定一个编号和反映内容的题目（例如，活动 1：力的平衡）。

单元编号：提供与本课时和活动关联的单元编号。

预计课时持续时长：详细说明课时需要多长时间。

预计活动持续时长：详细说明活动需要多长时间。

环境：明确课时/活动的地点。

活动目标：详细说明学生通过活动将要学习的可测量的技能和知识。通过活动模板中指定的形成性评价工具对该目标进行评价。

活动指导性问题：列出将会通过此特定活动得到回答的单元指导性问题。指导性问题应直接反映挑战和活动的目标。

NGSS：从模板中填写适用于实施本活动的课程标准的内容要求。

单元课程标准：参考本单元阐释的 NGSS 和/或 CCSS。（你可以直接从单元模板复制粘贴这些内容。）请确保对所描述的每个课程标准都会进行某种形式的评价（形成性或总结性）。此外，请确保课时评价包含特定类别的数学课程标准和科学课程标准中的探究和应用标准。避免列出指向活动标准中未涵盖的技能的评价。例如，测量可能是完成一堂课中的某一项活动所需的技能。然而，如果本课时不是专门为达成某项涉及测量的标准而设计的，则没有理由包含指向测量的评价。

材料：列出活动所需的所有材料，包括讲义和物资。

教师前期准备：描述需要在活动之前准备的任何材料。

活动流程：逐步描述执行活动的过程。另外，整理学生的讲义，避免在未经适当许可的情况下使用任何受版权保护的材料。

形成性评价：描述如何使用形成性评价来评估目标的达成。

总结性评价：这是课时或单元结束时的评价，用于衡量长期的学习情况。描述如何使用总结性评价来评估目标的达成。

差异化：根据你的学生的需求，你为本次活动计划了哪些类型的差异化，描述出来。解释这些差异化技巧应如何帮助所有学习者达成课程标准或超越课程标准。

反思：完成活动后，用不少于五句话来反思，比如描述哪些差异化策略奏效、应该改变哪些内容。通过呈现证据和结果来证明你的观察是正确的。

课时和活动模板

姓名＿＿＿＿＿＿＿＿＿＿＿＿＿＿＿＿＿＿＿＿＿＿＿＿＿＿＿＿＿＿

联系方式＿＿＿＿＿＿＿＿＿＿＿＿＿＿　最后修改模板的日期＿＿＿＿＿＿＿＿

课时编号和题目＿＿＿＿＿＿＿＿＿＿＿＿＿＿＿＿＿＿＿＿＿＿＿＿＿＿＿

活动编号和题目＿＿＿＿＿＿＿＿＿＿＿＿＿＿＿＿＿单元编号＿＿＿＿＿＿＿＿＿

预计课时持续时长＿＿＿＿＿＿＿＿＿＿＿＿＿＿＿＿＿＿＿＿＿＿＿＿＿＿＿

附录　设计挑战单元模板

预计活动持续时长_____

环境_____
_____
_____

活动目标_____
_____
_____

活动指导性问题_____
_____
_____

NGSS 勾选所有适合的选项。	
科学和工程学实践	跨学科概念
☐ 提出（科学）问题和明确（工程学）难题	☐ 模式
☐ 构建并使用模型	☐ 因果关系
☐ 设计并实施探究	☐ 尺度、比例和数量
☐ 分析并解释数据	☐ 系统和系统模型
☐ 使用数学和计算思维	☐ 能量和物质：流动、循环和守恒
☐ 构建（科学）解释并设计（工程学）解决方案	☐ 结构和功能
☐ 参与基于证据的论证	☐ 稳定和变化
☐ 获取、评价和交流信息	

单元课程标准（NGSS 和／或 CCSS）_____
_____
_____

材料_____
_____
_____

187

跨学科课程如何设计：大单元、大概念和工程设计挑战

教师前期准备_____
_____
_____

活动流程_____
_____
_____

形成性评价

链接活动中将用作形成性评价的工具。
_____
_____

总结性评价

这是一个可选项。在一系列活动结束时，或者仅在整个单元结束时，进行总结性评价。
_____
_____

差异化

请描述你是如何修改这节课的部分内容以满足不同学习者的需求的。
_____
_____

反思

反思本课时的成功和不足。
_____
_____

设计挑战单元修订工作单

如果这是你以前实施过的单元的修订版,请回答以下问题。

你正在修订的单元题目(旧题目)_____

要保持题目不变吗? ___是___否

如果否,新题目是_____

如果将新单元作为不同课程的一部分或在不同年级进行教学,请指明新的课程/年级水平。

_____

_____

请概述你在修改本单元时所做的更改。

_____

_____

你所做的更改如何解决你之前在单元实施后的反思中观察到的问题?

_____

_____

与你之前实施本单元相比,你的学生的表现和学习达到预期要求了吗?

_____

_____